ドライブ日和の休日、どこに出かけよう?

海?　山?　それとも湖?

やっぱり目指したいのは自然豊かな癒やしの地。

そして欠かせないのが、

その土地でしか味わえないおいしいモノ。

そこで、静岡県内の豊かな自然の中で、

美味と絶景を満喫できる

とっておきのレストランや

食事処、カフェをピックアップしてみました。

さらに、ドライブ途中に立ち寄りたいビュースポット、

グルメスポットの情報もプラス。

グルメな日帰りドライブのガイドブックとなりました。

静岡発

おいしい日帰りドライブ 海・山・里へ

おいしいを目指して海・山・里へ

《データの見方》

☎……電話番号
住……住所
営……営業時間
休……定休日
¥……昼・夜の価格目安
交……交通 ※時間は目安で、交通事情により異なります
P……駐車場の有無台数
……グルメスポット
……ビュースポット

●情報は2019年7月末現在のものです。定休日、営業時間、掲載の料理等は変更になる場合があります。
●価格表示は税抜きを基本とし、消費税込みの場合は（税込）と表記しています。消費税率変更に伴い、価格が変わる場合があります。詳しくは各店にお問い合わせください。
●年末年始、GW、盆の休みは省略しています。

海・山・里の恵みをいただきます

静岡発 おいしい日帰りドライブ index map

海・山・里へ

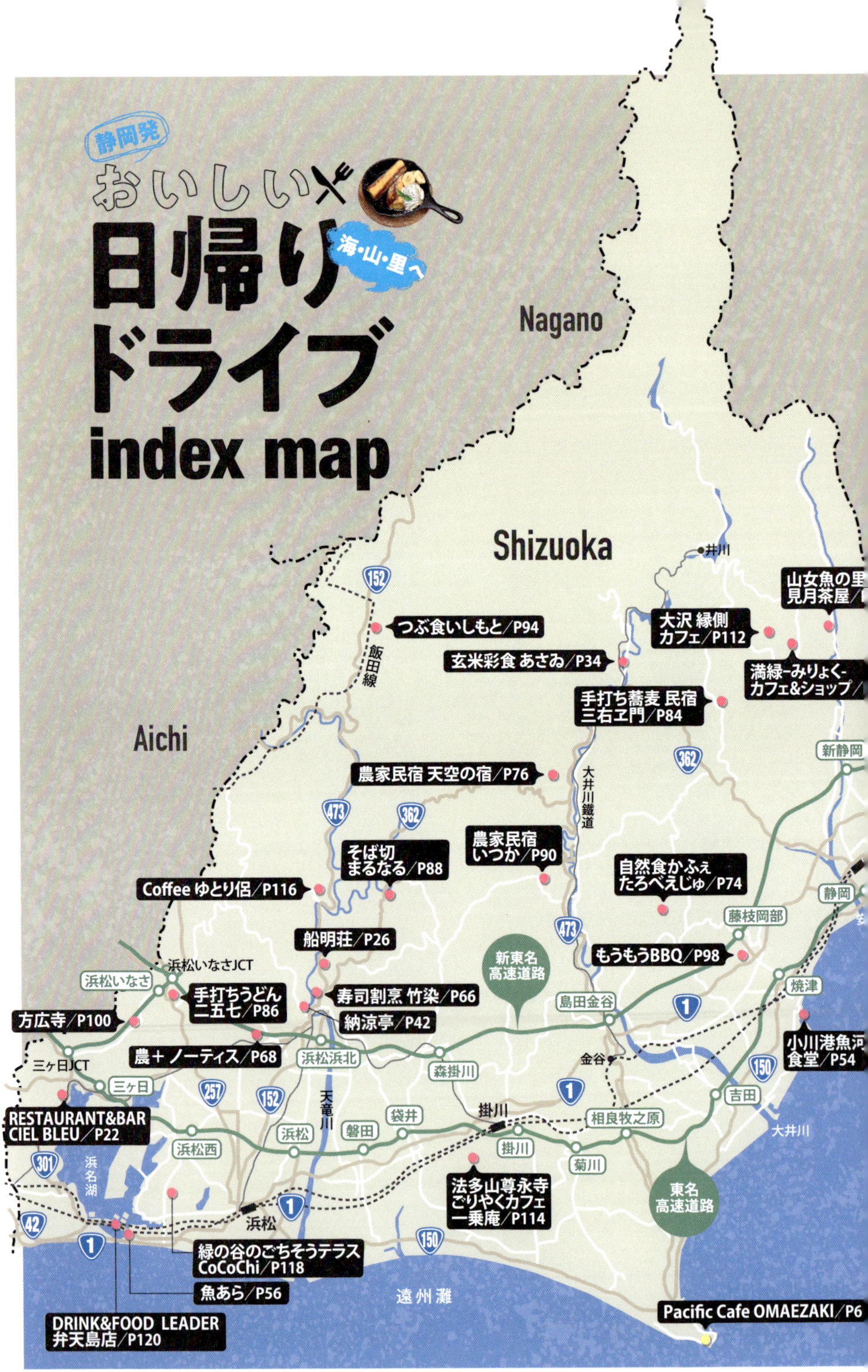

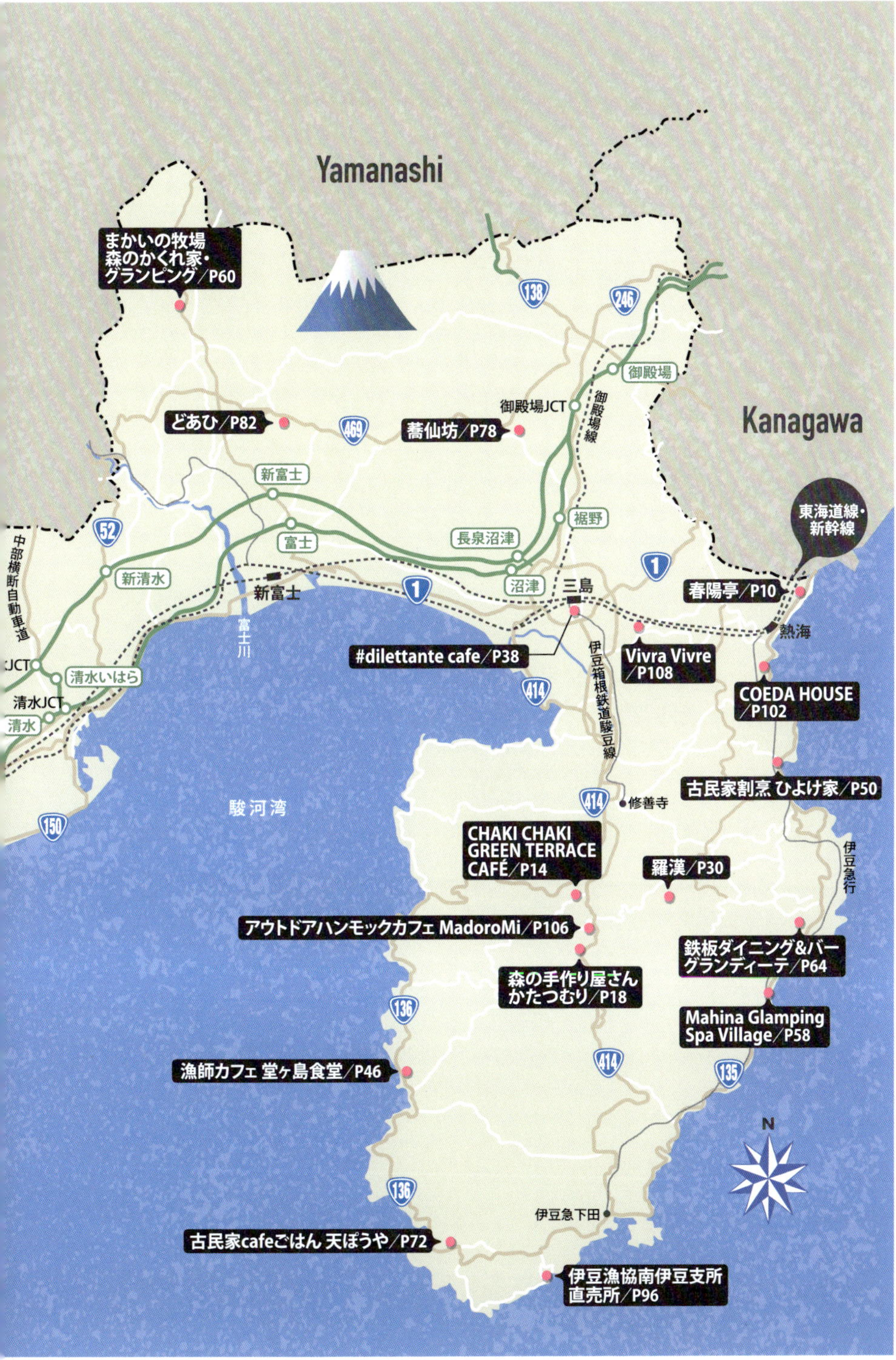

Yamanashi
Kanagawa
まかいの牧場
森のかくれ家・
グランピング／P60
どあひ／P82
蕎仙坊／P78
御殿場JCT
御殿場
御殿場線
新富士
富士
長泉沼津
裾野
沼津
三島
新清水
新富士
富士川
中部横断自動車道
JCT
清水いはら
清水JCT
清水
東海道線・
新幹線
春陽亭／P10
熱海
#dilettante cafe／P38
Vivra Vivre
／P108
COEDA HOUSE
／P102
伊豆箱根鉄道駿豆線
駿河湾
修善寺
古民家割烹 ひよけ家／P50
伊豆急行
CHAKI CHAKI
GREEN TERRACE
CAFÉ／P14
羅漢／P30
アウトドアハンモックカフェ MadoroMi／P106
鉄板ダイニング&バー
グランディーテ／P64
森の手作り屋さん
かたつむり／P18
Mahina Glamping
Spa Village／P58
漁師カフェ 堂ヶ島食堂／P46
N
伊豆急下田
古民家cafeごはん 天ぽうや／P72
伊豆漁協南伊豆支所
直売所／P96

おいしいを目指して海・山・里へ

海あり、山あり、里あり。自然に恵まれた静岡県を走れば、
数々の美しい景色に出合うことができる。
そしてそこには必ず、その土地ならではの自慢の食材がある。
さあ、おいしいを目指してアクセル全開だ。

海

御前崎市

潮騒をBGMに
太平洋を独り占め

Pacific Cafe OMAEZAKI

パシフィックカフェ
おまえざき

バターミルク使用の「御前崎ストロベリー ＆ベリーパンケーキ」980円。ベリーソース、ホイップクリーム、メイプルシロップで楽しんで

気分爽快! 海沿いを走る「御前崎サンロード」

御前崎産のシイラを使う「マヒマヒバーガー」1080円。タルタルソースもたっぷり

雄大な海の風景とハワイ料理にALOHA!

御前崎サンロード沿いに立つ、休日ともなれば行列必至のハワイアンカフェ。窓一面に広がる太平洋を眺めながら、本格ハワイ料理が楽しめる、リゾート気分満載の店だ。

食欲をそそるガーリックの香りと殻付きエビのうま味がダイレクトに味わえる「ガーリックシュリンププレート」は2人分？と勘違いするほどのボリューム。御前崎のご当地グルメ「波乗りバーガー」とハワイが融合した「マヒマヒバーガー」は、大胆にギュッと手でプレスして食べるのがこの店流。もちもちふわふわのパンケーキには、御前崎産イチゴと、ミックスベリーのソースがたっぷりかかる。こんな料理と太平洋があれば、気分はもう、すっかりハワイアンだ。秋から冬にかけては夕陽が海に沈むロマンチックなシーンにも出合える。

1

2

3

1.天気のいい日はテラス席でくつろぐのもいい　2.シャーベット状のイチゴがたっぷり入った「御前崎ストロベリー＆カシスオレンジジャーソーダ」650円　3.タマネギとガーリック、バター醤油の独特な味がくせになる「ガーリックシュリンププレート」1480円

ビュースポット b

灯台の展望デッキから見る大パノラマは圧巻!(有料)

階段を登って、大海原を一望

御前崎ケープパーク

御前埼灯台から、展望台「夕日と風が見えるん台」まで続く1.5kmの遊歩道が整備された公園。途中には恋人の聖地に認定されている「潮騒の像」や、地球の丸さを実感できる見晴台「地球が丸く見えるん台」もある。青い海と空の絶景は、撮影スポットとしても大人気だ。

グルメスポット c

毎日変わるおすすめ鮮魚

海鮮料理 みはる

御前崎と言えばブランドにもなっている「御前崎生かつお」。これを目当てに訪れる客が多い海鮮料理の店。他にもイサキ、カマス、タチウオ、クロムツなど御前崎の旬魚が味わえる。その日のおすすめ鮮魚は、ボードに記してあるので入店したらまずチェック! 刺身も煮魚も楽しめる「みはる定食」、10種類程のネタがのる「海鮮丼」も人気。

左から「初鰹刺身」、「土佐作り」、「鰹ハラモ焼」※時価

鮮魚を買うなら市場のセリ後、10時頃か、14時半頃が狙い目

グルメスポット d

お土産はシラス? カツオ?

御前崎 海鮮なぶら市場

おまえざき かいせんなぶらいちば

海鮮土産を買うなら迷わずココへ。御前崎漁港に揚がったタチウオ、キンメ、カツオ、アジなどの鮮魚から、干し加減を変えて何種類もそろうシラス干し、昔ながらの製法で作られるかつお節など、どれにしようか悩むのもお楽しみ。隣接する「食遊館」には、カツオの藁焼きや海鮮丼が楽しめるレストランや、シラスが入ったジェラードで知られる店もある。

a Pacific Cafe OMAEZAKI
☎0548-63-1100 住御前崎市御前崎1565-2 営月・火・木曜11:00～18:00(17:00LO)※金・土・日曜、祝日～22:00(21:00LO) 休水曜 ¥昼・夜400円(ソフトドリンク)～ 交東名相良牧之原ICから国道150号経由約30分 P市営Pを利用

b 御前崎ケープパーク
☎0548-63-2001(御前崎市観光協会) 住御前崎市御前崎1564-1(灯台下駐車場) 交「Pacific Cafe OMAEZAKI」から車で2分 P30台

c 海鮮料理 みはる
☎0548-63-5328 住御前崎市御前崎1099-3 営11:00～20:30LO※土・日曜、祝日11:00～14:00、17:00～20:30LO 休不定休 交「Pacific Cafe OMAEZAKI」から車で3分 Pあり

d 御前崎 海鮮なぶら市場
☎0548-63-6789 住御前崎市港6099-7 営9:00～17:00 ※土・日曜、祝日8:30～、食遊館9:00～21:00 ※店によって異なる 休火曜 交「Pacific Cafe OMAEZAKI」から車で6分 P200台

【ドライブコース】

- 東名相良牧之原IC
  ↓30min
- 御前崎ケープパーク b
  ↓2min
- Pacific Cafe OMAEZAKI a
  ↓3min
- 海鮮料理 みはる c
  ↓3min
- 御前崎 海鮮なぶら市場 d

熱海市

潮風香るドライブで 海の絶景と美味を満喫

春陽亭《しゅんようてい》

魚介のコース4500円＋サービス料10%。各コースの前菜、スープは共通し、メインによって価格が異なる

伝統的なフレンチを絶景と共に召し上がれ

2000坪の緑と四季折々の花に囲まれた、相模湾を見晴らすレストラン。天気が良ければ、初島はもちろん伊豆大島や三浦半島、房総半島まで望むことができる。

支配人の漆畑孝司さんが信頼を寄せるシェフが手掛ける料理はクラシックなフレンチ。おすすめは、アワビやオマールエビ、和牛フィレなどをメインにした魚介コースと肉コースだ。前菜、スープ、味わい深いソースをまとったメイン料理と続き、最後に登場するのが、常時12種類以上あるスイーツのワゴン。好きなものを選んで料理の余韻に浸りたい。食事の時間をより楽しく、おいしくサポートしてくれる上質なサービスも、この店ならでは。食後は鯉が泳ぐ池のある庭園をゆっくり散策するのもおすすめ。

前菜の「キッシュロレーヌ、季節のサラダ添え」

魚介のコース4500円のメイン料理「イサキのポワレ、ラタトゥイユ添え」

1

1. 庭園の一番高いところにレストランがある　2. デザートは、タルトやコンポート、ティラミス、ババロア、アイスなど好きなものを好きなだけ味わって　3. テラス席はこの先にある。外での食事も気持ちいい　4. 穏やかな語り口で丁寧にサービスする支配人の漆畑さん

35年間変わらない信頼のスタイル

流行に流されず伝統的なフランス料理でもてなすスタイルは、創業から35年間変わらない。ここで味わえる絶景と美食を求め訪れるリピーターも多い。

4

2

3

「赤白二龍」が見守る手水舎

頼朝と政子が坐ったとされる「腰掛石」の前で合掌

本殿から見る相模湾の絶景

ビュースポット b

赤白二龍のパワーをいただく

伊豆山神社

いずさんじんじゃ

御祭神の伊豆山大神は温泉の守護神で、強運、天下取りの神様でもある。そのシンボルとされるのが「赤白二龍」。見るからにパワーが宿っていそうな赤と白の龍神が刻まれた強運守護のお守りも人気だ。源頼朝と北条政子が猛反対を乗り越えて結ばれた地であることから、縁結びのスポットとしても名高い。本殿まで登った先には相模湾の絶景が待っている。

グルメスポット c

福を呼び込む天狗ラスク!?

パン樹久遠

パンじゅくおん

熱海駅前仲見世通り商店街にあるベーカリー。一晩発酵させて作る「天然酵母クロワッサン」は、外はサクサク、中はモッチリした食感がクセになる。来宮神社の大楠をイメージした福を呼び込む「来宮天狗ラスク」や、名産のダイダイを練り込んだ「来宮大楠根っこパン」もおすすめ。イートインではコーヒーやパンに合うスープも楽しめる。

麦こがしを使った焼き菓子「来宮天狗ラスク」200円

「来宮大楠根っこパン」345円

グルメスポット d

ハワイアン気分でALOHA!

88tees CAFE

エイティエイティーズ カフェ（ヤヤカフェ）

ハワイで人気のTシャツショップ「88Tees」の直営店。青い海と白い砂浜、ヤシの木が続く熱海サンビーチが目の前という抜群のロケーションだ。名物のハワイ料理は「ガーリックシュリンプ」から「ロコモコ」「パンケーキ」「スノーアイス」まで多彩。品ぞろえ豊富な直輸入の88TeesオリジナルTシャツや雑貨も販売している。

「パンケーキ」1400円（税込）

ここでしか手に入らない雑貨が並ぶ

a 春陽亭

☎0557-80-0288　住熱海市泉大黒崎270-2　営11:30～15:30（14:30LO）、17:30～21:00（19:30LO）　休火曜（祝日営業、翌日休み）　交伊豆縦貫道大場・函南ICから熱函道路経由約30分　P8台

b 伊豆山神社

☎0557-80-3164　住熱海市伊豆山708-1　交「春陽亭」から車で7分 Pあり

c パン樹久遠

☎0557-81-3310　住熱海市田原本町7-3　営8:00～18:00※パンがなくなり次第終了　休不定休
交「春陽亭」から車で10分　Pなし

d 88tees CAFE

☎0557-48-6881　住熱海市東海岸町6-51メゾン紅葉1F　営10:00～20:00 ※夏期9:00～21:00
休不定休　交「春陽亭」から車で9分
P3台

【ドライブコース】

- 伊豆縦貫道大場・函南IC
  - ↓30min
- 伊豆山神社 b
  - ↓6min
- 春陽亭 a
  - ↓15min
- パン樹久遠 c
  - ↓4min
- 88tees CAFE d

森

伊豆市

生い茂る木々と、美しい清流
森の空気に癒やされる

CHAKI CHAKI GREEN TERRACE CAFÉ チャキチャキ

静けさが漂う、わずか
10席だけの特等席
「川床テラス」

自分でお茶を点てる「お
抹茶セット」（上生菓子
付き）1000円（税込）

「本日の菓子とコーヒー」700円（税込）。上生菓子は季節に合わせて変わり、この日は「天の川」をイメージ

川床テラスで味わう和菓子と抹茶

聞こえてくるのはやさしいせせらぎと、風の音。目の前に広がるのは生い茂る木々と、吉奈川の清流。吉奈温泉にひっそりと立つ小さなカフェの特等席がここ、川の上に設えられた川床テラスだ。手作りの和菓子と抹茶で客をもてなすスタイルも、この風景によく馴染む。お茶を点てるのは裏千家の茶道を嗜む店主・渡邉明日香さん。和菓子もすべて店主の手作りだ。シンプルで上質な白磁や木の器、南部鉄器の鉄瓶も、インテリアのように美しい。

ドリンクは他に、伊東の専門店に焙煎してもらうオリジナルブレンドのコーヒー、近くの月ヶ瀬梅園の梅で作った自家製梅ジュースもある。弾力のあるところてんの食感が楽しい「茶気茶気あんみつ」や季節に合わせて変わるパフェ、夏限定のかき氷、冬のぜんざいなど甘味ファンも飽きさせない。

1.カウンター席に座れば、店主が目の前でお茶を点ててくれる「本日の菓子とお抹茶」700円（税込）　2.自家製ところてん入りの「茶気茶気あんみつ」（緑茶付き）800円（税込）
3.テラス席の他、デッキ席、カウンター席がある

グルメスポット b

老舗飴店のカフェ&ショップ

黒玉テラス くろだまテラス

明治15年創業の老舗飴店「出口の黒玉」の直営カフェ&ショップ。ランチは「伊豆牛と地場野菜の贅沢カレー」や「本日のランチプレート」が好評で、自家製小豆がのった「フレンチトースト」も見逃せない。名物の飴「黒玉」は三温糖と黒糖、水飴にバターが隠し味に入ったやさしい味わいで、お土産にぴったり。

1. 約10種類のスパイスを使った「伊豆牛と地場野菜の贅沢カレー」ドリンク付きで平日1320円（税込）、「月ヶ瀬梅ジュース」450円（税込）
2. 体にやさしい素焚糖を使った「プレミアム黒玉」550円（税込）

グルメスポット c

山の滋味を味わう蕎麦店

やまびこ

蕎麦は北海道、茨城の産地から。その1番粉、2番粉を使い、さらに粗めの3番粉を混ぜ、香り高い蕎麦に仕上げる。薬味や天ぷらには自家栽培の有機野菜を使用。近くで採れた山菜や、11月末～3月まで楽しめる自然薯料理もおすすめだ。

「ざるそば」900円（税込）。まずは香りを楽しんで

山小屋風の店内

1.「伊豆の村」へと進む道沿いに広がる紅葉林の他、約2000本の木々が色づく
2. イギリスの街並みを思わせる「イギリス村」。カフェや雑貨店などが並ぶ

【ドライブコース】

- 東名沼津IC
  - ↓40min
- CHAKI CHAKI a
  - ↓2min
- 黒玉テラス b
  - ↓17min
- やまびこ c
  - ↓1min
- 修善寺 虹の郷 d

ビュースポット d

四季折々の自然が楽しめる

修善寺 虹の郷 しゅぜんじ にじのさと

サクラ、シャクナゲ、ツツジ、フジ、花ショウブ、アジサイ、モミジ、スイセン、バラなど、四季折々の自然が楽しめる花と緑の公園。古民家が立ち並ぶ「匠の村」では手すき和紙や陶芸などの体験もでき、「伊豆の村」にはグルメの店も。近年はコスプレイヤーが集まるスポットとしても話題。

a CHAKI CHAKI
☎0558-85-0888　住伊豆市吉奈5-1　営11：00～15：30（15：00LO）　休日・月・火曜　¥昼500円（ドリンク・税込）～　交東名沼津ICから伊豆縦貫道経由40分　P4台

b 黒玉テラス
☎0558-85-2525　住伊豆市門野原134-1　営10：00～17：00（16：30LO）　休火曜　交「CHAKI CHAKI」から車で2分　Pあり

c やまびこ
☎0558-72-7575　住伊豆市修善寺3726-1　営11：00～17：00　休金曜　交「CAHKI CHAKI」から車で18分　P30台

d 修善寺 虹の郷
☎0558-72-7111　住伊豆市修善寺4279-3　営9：00～17：00　※10～3月は16：00まで　休火曜（繁忙期営業・HPで確認を）　¥入園料中学生以上1200円（税込）、4歳以上600円（税込）　交「CHAKI CHAKI」から車で18分　Pあり（有料）

伊豆市

天城の自然を満喫する 美味と体験の癒やしドライブ

森の手作り屋さん かたつむり ⓐ

ログトレーラーハウスの宿泊も可能。素泊まり1棟12000円（～5人）、18000円（～10人）

温かみのあるカフェ店内

ジオ窯で焼き上げる、森の中のピザ作り体験

緑豊かな天城の山間にある「かたつむり」。店主・足立浩さんが1年かけて造り上げたログハウスが来店客を温かく迎えてくれる。アンティーク雑貨と木のぬくもりに包まれたカフェでは、自慢のキーマカレーやピザ、手作りケーキやハーブティーを提供。天気が良ければアウトサイドテラスも気持ちいい。

そして人気を呼んでいるのが、別棟のアウトドアで楽しめるピザ作り体験だ。天城の地形を創り出した火山、鉢窪山の溶岩で作った「ジオ窯」で焼き上げるのが、かたつむり流。まずは北海道産小麦粉に地元の黒米粉を練り込んだ生地を伸ばし、自家製ベーコンや自家農園の野菜など季節の食材をトッピング。300 ～ 400℃の窯で焼けば、遠赤外線効果でパリッともっちり、香ばしいピザが完成する。

生地伸ばしから焼き上げまでの体験時間は約30分

店主手作りの「ジオ窯」

自家製ベーコンをトッピングしたピザ。ベーコンは塩漬け1週間、塩抜き1日、干し1日、燻製5時間。時間と手間をかけて作る

1

1. アウトドアで楽しむピザ焼き体験コーナー（3歳以上、2人～/体験料1人1800円/1日1回11時～/前日までの要予約）
2. 焼き具合を見ながらピザを回転。4～5分で焼き上がる
3. 「ケーキセット」700円。写真はチーズケーキとハーブティー。体験、カフェ共にセルフサービス。器は返却棚に戻そう

自分で作るからおいしさ倍増!

桜チップで燻した自家製ベーコンやズッキーニ、タマネギ、シメジ、パプリカなどピザのトッピングは10種類。ハーフ&ハーフ、クオーターなどスペースごとに具材を変えるのがコツだそう。好みのトッピング食材を持ち込んでもOK。

2

3

ピクニックガーデンで極上のコーヒータイムを

グルメスポット b

天城の森でサンドイッチ&コーヒー

pikiniki

ピキニキ

ニュージーランド・オークランド発のロースタリー "ALLPRESS ESPRESSO" のコーヒー豆を扱う県内唯一のカフェ。店名の「ピキニキ」はマオリ語で、ピクニックの意味で、店の裏にはピクニックガーデンが広がる。自家製カンパーニュで作るサンドイッチと、スペシャリティコーヒーをテイクアウトして、森の緑に包まれたとっておきの時間を満喫しよう。

1. セルフビルドの店内にさりげなく飾られた小物もおしゃれ
2. キウイソースやピーマンジャムなどオリジナルソースで作る「サンドイッチ」各種950円(税込)〜。数量限定のため電話予約を

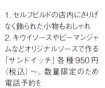

グルメスポット c

天城の恵みを味わおう

道の駅 天城越え

みちのえき あまぎごえ

原木シイタケやタケノコの他、「しいたけコロッケ」などお母さん手作りの惣菜も販売する「竹の子かあさんの店」。天城の清流で育った本ワサビや「わさびソフトクリーム」が人気の「天城わさびの里」。伊豆牛カレーなどが味わえる「山のレストラン・緑の森」とグルメな施設がそろう、お土産探しにもぴったりのスポットだ。「森の情報館」「伊豆近代文学博物館」も点在する。

天城の名産や惣菜などがひしめき合う「竹の子かあさんの店」

天城産原木シイタケの甘煮入り「しいたけコロッケ」120円（税込）

マイナスイオンをたっぷり浴びて、気分爽快！

【ドライブコース】

- 伊豆縦貫道月ヶ瀬IC
  - ↓16min
- 道の駅 天城越え c
  - ↓3min
- かたつむり a
  - ↓1min
- 浄蓮の滝 d
  - ↓1min
- pikiniki b

ビュースポット d

下流ではマス釣りも

浄蓮の滝

じょうれんのたき

名曲「天城越え」にも歌われた、高さ25m、滝壺の深さは15mもある名瀑。天城山中の鉢窪山の噴火によって流れ出た溶岩によって造られたとされる。天然記念物のハイコモチシダが群生し、山の冷気と水しぶきで夏でも涼しく、下流の天城国際鱒釣場では、マス釣りや川遊びも楽しめる。渓流沿いにはワサビ田を見ることができる。

a かたつむり

☎0558-85-2104 住伊豆市湯ヶ島892-66 営11:00～16:00LO 休火・水曜 ¥昼約1000円 交伊豆縦貫道月ヶ瀬ICから国道414号経由15分 P15台

b pikiniki

☎0558-79-3532 住伊豆市湯ヶ島2860-2 営10:00～16:00 休水・木曜 交「かたつむり」から車で1分 P12台

c 道の駅 天城越え

☎0558-85-1110 住伊豆市湯ヶ島892-6 営竹の子かあさんの店9:30～16:00、天城わさびの里8:30～16:30（夏季～17:00）、山のレストラン・緑の森10:00～15:00（売店～16:30） 休なし 交「かたつむり」から車で3分 P196台

d 浄蓮の滝

☎0558-85-1125 住伊豆市湯ヶ島892-14 交「かたつむり」から車で1分 Pあり

ラグジュアリーホテルの優雅な非日常を満喫。おしゃれをして訪ねたい

湖

浜松市北区

浜名湖のほとりで ホテルメイドの上質ランチ

RESTAURANT&BAR CIEL BLEU シエルブルー

旬の素材が豊富な
「KIARAランチプレート」
2500円

地元素材を生かした見目麗しい料理たち

ランチならビジターでも立ち寄れる、会員制リゾートホテル「KIARAリゾート＆スパ浜名湖」内のレストラン。浜名湖のほとりのテラス席は、優雅なリゾート気分に浸れるスペシャルシートだ。ぜひ味わいたいのは、「三ヶ日みかん」の皮を飼料に、ストレスフリーで大切に育てられた地元の和田牧場から届く「JAみっかび牛」の料理。すっきりとした脂が特徴で、「ステーキ」をはじめ、「ローストビーフ丼」「カレー」などの気軽な一品でも満喫できる。フレンチの多彩な味を楽しみたいなら、「KIARAランチプレート」などのコースがおすすめ。ホテルメイドの贅沢な味わいを心ゆくまで堪能できる。全館完成予定の2020年夏には新レストランもオープン予定。

焼き野菜を添えた「みっかび牛のカレー」2200円（2019年秋からの新メニュー、要予約）。濃厚なうま味の牛すじと豊富なスパイスを使った、ちょっと辛めの大人味

和風ステーキソースと温泉卵を絡ませて味わう「みっかび牛のローストビーフ丼」3000円（2019年秋からの新メニュー、要予約）。ランプ肉の歯ごたえも楽しい

ラグジュアリーホテルで優雅なランチを

会員制リゾートホテルのレストランというだけで敷居が高いと思いがちだが、心配は無用。上質な料理と高いホスピタリティで、誰でも贅沢気分を楽しめる。できるだけ予約をすることが、ホテルのマナー。一期一会を楽しんで。

ビュースポット b

平安時代の名園で心を浄化

大乗山宝池院 摩訶耶寺 まかやじ

神亀3年（726）に行基が開創した名刹。庭園は平安末期から鎌倉初期の日本の中世庭園を代表するもので、県内最古とされる。石組みを険しい山々に見立て、蓬莱の世界を表した座視鑑賞式池泉庭。全体の8割は当時の姿を残す、全国的にも希少な庭だ。不動明王像と千手観音像は国の重要文化財、阿弥陀如来像は県の重要文化財に指定されている。

石組みの配置やその意味合いなど、庭の全景から物語を感じてみよう

【ドライブコース】

- 東名三ヶ日IC
  - ⬇ 12min
- KIARAリゾート&スパ浜名湖 RESTAURANT&BAR CIEL BLEU a
  - ⬇ 10min
- 摩訶耶寺 b
  - ⬇ 8min
- 三ヶ日製菓 c
  - ⬇ 1min
- グラニーズバーガー&カフェ d

グルメスポット c

ひんやり&ジューシー

三ヶ日製菓 みっかびせいか

「三ヶ日みかん」「いなさ牛乳」「さくらたまご」など、地元素材を生かした和菓子をそろえる老舗。銘菓「みかんの里」をはじめ、小ぶりな三ヶ日みかんを求肥と白あんで包んだ冷凍菓子「まるごとみかん大福」が土産に人気だ。少し溶かして味わえば、シャーベットのような食感。全解凍すれば、ミカンの果汁が口いっぱいに広がる。

もちもちの餅に白あんの甘み、みかんの酸味が絶妙!「まるごとみかん大福」300円

グルメスポット d

ボリューム満点! 三ヶ日牛バーガー

グラニーズバーガー&カフェ

天竜浜名湖鉄道の三ヶ日駅舎内にあるバーガーショップ。名物は写真映えする10層仕立てのご当地グルメ「三ヶ日牛バーガー」だ。「みっかび牛」100%の自家製パティと、厚切りベーコン、目玉焼き、マッシュポテトといった盛りだくさんの具材を、特製マンゴーソースでさわやかな味にまとめている。バーガーにドリンクやポテトが付くセットがお得。

肉と新鮮野菜のコラボ。「三ヶ日牛バーガー」1280円（税込）

a CIEL BLEU

☎053-528-0130　住浜松市北区三ヶ日町下尾奈366-1　KIARAリゾート&スパ浜名湖内　営ランチ11:30〜14:00　休なし　¥昼1800円〜※夜は会員のみ　交東名三ヶ日ICから国道362号、国道301号経由10分 P22台

b 摩訶耶寺

☎053-525-0027　住浜松市北区三ヶ日町摩訶耶421　営拝観時間9:00〜16:30　休8月10日※臨時休あり　¥拝観料大人400円、高校生300円、中学生200円、小学生以下無料　交「CIEL BLEU」から車で10分　P20台

c 三ヶ日製菓

☎053-524-0018　住浜松市北区三ヶ日町三ヶ日745　営8:00〜19:00 ※日曜、祝日〜18:00　休月曜（祝日営業、翌日休み）　交「CIEL BLEU」から車で5分　P10台

d グラニーズバーガー&カフェ

☎053-525-2202　住浜松市北区三ヶ日町三ヶ日1148-3（三ヶ日駅舎内）　営11:00〜16:00　休月〜木曜（祝日営業）　交「CIEL BLEU」から車で4分　P三ヶ日駅共同駐車場を利用

浜松市天竜区

船明ダム湖のきらめきと山の恵みを訪ねて

船明荘 ふなぎらそう a

「うり坊のバロティーヌ」はコース料理にプラス1200円。事前予約してから訪ねよう

地元産のジビエ料理で季節を楽しむ

割烹旅館からフレンチレストランに転身した創業70年の老舗。フランス・プロヴァンス地方で修業した3代目の大橋正諭さんが生み出すジビエ料理に魅了され、定期的に足を運ぶファンが多い。素材はできるだけ地元産を中心に、秋には天竜区や北区引佐町の山で捕獲したイノシシやシカなどの野生鳥獣を使ったジビエ料理が登場する。

フレンチをより気軽に楽しんでほしいと、スープ、メイン、スイーツ、ドリンクが付く「平日限定シェフのきまぐれランチ」1600円～が新たにスタート。メニューは旬を盛り込んだ日替わりで、訪れるたびに異なる味わいが楽しみだ。9～11月に登場する人気のイノシシの子ども「うり坊」は希少な味覚。問い合わせのうえ、ぜひ堪能してほしい。

「ビーツの冷製スープ」(5月～)。秋冬は温スープになる

マスカルポーネチーズがふわりとろけるあっさり味。ほんのり苦めで大人好みの「ティラミス」

「スペアリブのコンフィとシポラタ（ソーセージ）」。香辛料は少なめに、素材の味を生かす

※すべて「平日限定シェフのきまぐれランチ」の一例

1・2. 店内の窓から湖を望め、天候の良い日はテラス席でのんびりと過ごすのもおすすめ　3. 船明ダム湖畔に佇む。夜はダムのローラーゲートがライトアップされ、光をまとった湖の景色もムードがある。夜は完全予約制でコース料理は2900円～。ワインとジビエのマリアージュを楽しんで

グルメスポット

心がほぐれるカフェタイム

cafe YuKuRu

カフェユクル

1. つぼい工務店の技術が光るおしゃれな店内　2.「カスタードプリン」350円（税込）。昔懐かしい硬めの食感　3. 季節の味覚を楽しめる「プレートランチ」1250円（税込）※消費税増税に伴い、価格変更の可能性あり

工務店の直営とあって外観も内観もオシャレな癒やしカフェ。真っ白な塗壁にオリジナルの木製テーブル、イギリスから直輸入したアーコールチェアが店内を彩る。季節替わりの「プレートランチ」（限定20食）や、ビターなカラメルが風味豊かな「カスタードプリン」に心ほっこり。チリコンカンをメインに、フォカッチャを添えたメニューも予定している。

ビュースポット c

世界最大級のゲートが壮大

船明ダム ふなぎらダム

昭和52（1977）年に発電と天竜川下流域の農業、工業、上水道用水を確保する目的で運用を開始した、天竜川水系最下流のダム。世界最大級のローラーゲート（水門）に迫力があり、湖面は浜松市天竜ボート場として活用され、大会なども開催される。アユなど、流域に生息する魚等の遡上を妨げないように照明付きの魚道を設け、自然への配慮をしている。

設備保安上に点灯した夜景照明も見どころ

「ニューヨークチーズケーキ」270円（税込）

グルメスポット d

歴史が物語る甘味の美味

遠州菓子処 むらせや

創業120年を誇る地域に根付いた和菓子店。天竜の観光スポットを表現したお土産にぴったりの「二俣城最中」や「ふなぎらダム」の他、普段使いで楽しめる和洋折衷のスイーツをそろえる。「お客様へ福笑いを」との思いから名付けた「ふくふくプリン」は生クリームたっぷり。とろけるなめらかさと優しい甘みがやみつきになるおいしさだ。

卵の風味を大切にした「ふくふくプリン」280円（税込）

あんこがたっぷり入った「二俣城最中」150円（税込）

a 船明荘
☎053-925-2039　住浜松市天竜区船明175-1　営12:00～14:00LO、18:00～20:00LO ※夜は完全予約制　休月曜、月2回火曜　¥昼1500円～ ※土・日曜、祝日は2900円～、夜2900円～　交新東名浜松浜北ICから国道152号経由20分　P25台

b cafe YuKuRu
☎053-443-7666　住浜松市天竜区山東2114-3　営11:00～16:00（ランチ14:00LO、カフェ15:00LO）休不定休（火・木・金曜と月2回土曜営業）　交「船明荘」から車で7分　P5台

c 船明ダム
☎053-588-6071（電源開発(株)天竜事務所）　住浜松市天竜区船明　交「船明荘」から車で1分　P270台（船明ダム運動公園駐車場）

d 遠州菓子処 むらせや
☎053-925-2348　住浜松市天竜区二俣町二俣340-1　営8:45～19:30　休不定休　交「船明荘」から車で5分　P9台

【ドライブコース】

- 新東名浜松浜北IC
- ↓20min
- 船明荘 a
- ↓1min
- 船明ダム c
- ↓7min
- cafe YuKuRu b
- ↓5min
- むらせや d

里山

伊豆市

空気がおいしい！ 緑豊かな田舎道を進んだ先に…

羅漢《らかん》

「先付け」は寒い季節は味噌樽小屋の中で、風が心地いい季節は緑の中でいただく。この日の先付けは中華風と洋風の２種類の「湯葉ロール」

季節を切り取った美しく繊細な前菜など、手間をかけ魅せる料理で客をもてなす

疲れた心を溶かす里山の時間と空間

静かなせせらぎ、虫や蛙の合唱、葉擦れの音…。そんな懐かしい音色に導かれるように田舎道を進んだ先に、築200年ほどの古民家「羅漢」が立つ。田舎に帰って来たような、「ただいま」と言いたくなるような居心地の良さがここにはある。さあ、ゆったりと流れる里山の時間を、1組だけが独り占めできる贅沢な食事の始まりだ。

店主・加藤敦子さんの案内で、まずは自然の中に設けられた特別席で先付けをいただく。枇杷の木が天然のパラソルになり、時折こぼれる日差しもやさしい。そして次の料理は土間のテーブル席で。目にも鮮やかな前菜の登場に心が躍る。コースの中盤からは座敷に場所を移し、向付、焼き物、煮物、揚げ物と続く。この豊かな時間と空間に包まれていると、日々蓄積した心のコリがほぐれていくようだ。

1

1.釜戸で炊くご飯は格別。湯気が吹き出す昔ながらの風景　2.カマスを海老しんじょで巻いた煮物　3.清涼感のある鮮やかな彩りが美しい本日の焼き物「鯛の塩焼き」

2

3

世界農業遺産に認定された特産のワサビ

肉厚で歯応えの良い原木シイタケ

グルメスポット b

ワサビ&シイタケをお土産に

JA農の駅 伊豆《のうのえきいず》

伊豆市、伊豆の国市、戸田産の農作物直売所。旬の野菜や減農薬・減化学肥料の米、果物、加工品などが並び、香り豊かな生ワサビや原木シイタケも大人気。作り手の顔が見えるから安心、何より新鮮で低価格。売り切れもあるので、午前中がおすすめだ。

1.「自家製あんこのあんみつ」450円（税込） 2.懐かしい味わいの「カスタードプリン」300円（税込）と「自家製ジンジャーエール」300円（税込）

グルメスポット d

スイーツと絵本のやさしい時間

hasama cafe《ハサマ カフェ》

地域の人が集まれる場所として自宅を改装し2018年11月に開店。寝転がれる畳敷きの絵本部屋や、押入れに設けたテーブル席など遊び心ある店造りが魅力的。手作りのやさしい甘さのスイーツとお気に入りの絵本で、のんびり自分だけの時間が過ごせそうだ。週替わりのランチも好評。

昔は滝の裏側が見られ、「裏見の滝」とも呼ばれていたそう

ビュースポット c

願えば叶う!? 両想いの滝

萬城の滝《ばんじょうのたき》

天城山から湧き出る清流が集まり流れ落ちる高さ20mの豪快な滝。左右両側から眺められるため「両想いの滝」として、恋愛成就を願い訪れる人も多い。周辺には遊歩道なども整備され、隣接するキャンプ場はファミリーに人気。毎年6～10月には上流でキャニオニング体験もできる。

【ドライブコース】

- 修善寺道路修善寺IC
  - ↓7min
- JA農の駅 伊豆 b
  - ↓20min
- 萬城の滝 c
  - ↓3min
- 羅漢 a
  - ↓6min
- hasama cafe d

a 羅漢

☎0558-83-0529　住伊豆市地蔵堂299-2　営希望時間に合わせて営業（1日1組限定）　休不定休　¥昼・夜8640円（税込）～　交伊豆中央道大仁南ICから県道12号経由約25分　P10台

b JA農の駅 伊豆

☎0558-72-4462　住伊豆市柏久保108　営9：00～17：00　休なし
交「羅漢」から車で17分　P33台

c 萬城の滝

☎0558-83-2654（萬城の滝キャンプ場）　住伊豆市地蔵堂776-1
交「羅漢」から車で3分　Pあり

d hasama cafe

☎0558-83-1172　住伊豆市中原戸68　住11：00～16：00（15：30LO）
休日～火曜、臨時休あり　交「羅漢」から車で6分　P7台

里山

川根本町

緑の風に誘われて奥大井へ
山の景色と玄米菜食で、自然に還る

玄米彩食 あさゐ《げんまいさいしょく あさい》

テイクアウトの「酵素玄米弁当」1000円（税込）、「酵素玄米おにぎり」（2個）350円（税込）※要予約

「週替わり季節の野菜御膳」1300円（税込）～※前日までに要予約。この日は野菜寿司御膳。メインの料理にいくつかの副菜、汁物が付く

たまには玄米菜食で体をリセット「ゆるベジ」でいこう！

奥大井・千頭からさらに北へ進んだ桑野山の麓。古民家をリノベーションした静かな食堂がある。食事は植物性の食材だけで作る「週替わり季節の野菜御膳」（要予約）のみ。肉や魚はもちろん、卵や乳製品、ハチミツも使わない100％ヴィーガン食だ。

この日のメニューは野菜寿司に、長芋の天ぷらと野菜のかき揚げ、黒豆煮、カボチャのマンゴー煮など。想像していた菜食とはまるで違う色鮮やかなビジュアルと、多彩な味付け、ボリュームに驚かされた。寿司のシャリは玄米と小豆を炊き3日間発酵させたもちもちとした食感の「酵素玄米」で、噛めば噛むほど米のうま味が広がる。この「酵素玄米」こそ店のイチオシで、メニューによっては、お茶碗にたっぷり盛られて登場する。

1

2

1.黒光りする梁に年月を感じる、落ち着いた雰囲気　2.「スペシャルデザートセット」+600円（税込）。写真は「タピオカバナナクレープ」と「穀物珈琲」　3.秋から冬は薪ストーブが活躍する

3

秋は辺りの山々が紅葉する

ビュースポット b

大井川の絶景を橋の上から

両国吊橋 りょうごくつりばし

大井川に架かる長さ145m、高さ8mの吊橋。眼下に川の流れを、橋の周りには山の緑が望める。時間がぴったり合えば、橋の下を走る日本唯一のアプト式電車「南アルプスあぷとライン」にも出会える。

「よもぎまんじゅう」(3個入り)360円(税込)と「石臼挽手打蕎麦」400円(税込)

グルメスポット d

母さんの手作り地元グルメが満載

四季の里 しきのさと

地元のお母さんで切り盛りする特産品販売所。手作りの蒸しパンや朴葉餅、いなり寿司、こんにゃくなどの他、地元産の野菜やお茶も販売。小腹が空いたら手打ち蕎麦を食べるのもおすすめ。

「川根茶セット」(お菓子付き)300円。お茶の甘み、渋味、うま味を堪能して

茶室「洗心庵」の日本庭園。春はサクラ、ツツジ、夏はアジサイ、秋のモミジも美しい

グルメスポット c

川根茶を茶室でゆっくり堪能

道の駅 フォーレなかかわね茶茗館

水琴窟のある日本庭園を眺めながら川根茶が楽しめる、お茶のテーマ館。お茶のおいしい淹れ方も教えてくれるので、ぜひチャレンジを。併設の「緑のたまてばこ」では、川根茶やお茶のマカロン、クッキーなどを販売している。

【ドライブコース】

- 新東名島田金谷IC
  - ↓60min
- 玄米彩食 あさゐ a
  - ↓5min
- 両国吊橋 b
  - ↓13min
- フォーレなかかわね 茶茗館 c
  - ↓7min
- 四季の里 d

a 玄米彩食 あさゐ

☎0547-59-2308 住榛原郡川根本町桑野山276-1
営ランチ11:30〜14:30、宿泊16:00〜翌9:30 ※ランチ、宿泊共に要予約 休水・木曜(不定休) ¥昼ランチ1300円(税込)〜、宿泊1泊2食8500円(税込)〜 ※1日1組限定 交国道1号藤枝バイパス向谷ICまたは、新東名島田金谷ICから国道473号経由60分 Pあり

b 両国吊橋

☎0547-59-2746(川根本町まちづくり観光協会)
住榛原郡川根本町千頭地先 交「玄米彩食 あさゐ」から車で3分

c 道の駅 フォーレなかかわね茶茗館

☎0547-56-2100 住榛原郡川根本町水川71-1 営9:30〜16:30 休水曜 ※臨時休業あり 交「玄米彩食 あさゐ」から車で約15分

d 四季の里

☎0547-56-0542 住榛原郡川根本町下長尾477-4
営8:00〜16:00 休12/31、1/1 交「玄米彩食 あさゐ」から車で約20分 Pあり

川

三島市

せせらぎと緑の風と優雅なランチを楽しむ

#dilettante cafe ディレッタント カフェ

街中とは思えない、自然に囲まれた特等席

「ディレッタントランチ」2100円。選べる主菜は「安倍鶏もも 若鶏のコンフィー」をチョイス。ガスパチョ、鮮魚のサラダの他、キッシュなど個性豊かな6種がそろった前菜の盛り合わせ、パン、ドリンクが付く

贅沢な時間と空間を提供する 川床レストラン

春はサクラが、初夏はホタルが舞う源兵衛川沿いに立つレストラン。テラス席に座れば、やさしいせせらぎと緑の風を感じながら食事が楽しめる。イタリアンをベースに、シェフのインスピレーションをプラスした、ジャンルにとらわれない料理をゆっくり堪能しよう。長泉町のもち豚を使ったローストポークや低温加熱した若鶏のコンフィー、沼津港に揚がったサバやマダイなど、地元食材を使うのもシェフのこだわりだ。料理はもちろん、そこに使われるアンティークの器やレトロなグラス、心地よい音楽、センスのいいインテリア、それらが一体となって優雅なひとときを演出してくれる。

源兵衛川の水辺の道を散策し、橋の下をくぐると、テラス席が見えてくる

とっておきランチを特等席で

自然と一体になれるテラス席でとっておきのランチを召し上がれ。素材の味を生かしたシンプルな料理だからこそその奥深さがわかる。

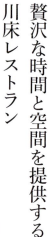

ビュースポット b

せせらぎを聞きながら

源兵衛川 水辺の道

げんべえがわ みずべのみち

富士山の伏流水が湧き出る楽寿園内の「小浜池」を水源とする全長約1.5kmの小川。透き通った美しい流れで、水の都・三島の観光スポットとして人気を呼んでいる。三島駅から徒歩5分圏内にありながら、初夏の夜にはホタルが舞うほどの清流。川の中に飛び石を配置した散策路も整備されている。せせらぎを聞きながら歩いてみては。

川遊びする子どもたちの姿を見ることも

【ドライブコース】

- 東名沼津IC
  ↓20min
- #dilettante cafe a
  ↓徒歩すぐ
- 源兵衛川 水辺の道 b
  ↓2min
- Tron Coni c
  ↓3min
- あめや鮨 d

右上から時計回りに
「ノワゼット」480円
「フランボワーズ」420円
「ショートケーキ」420円
「モンブラン」450円

グルメスポット c

緻密に計算された極上スイーツ

PÂTISSERIE Tron Coni

トロンコーニ

食材の豊かさに惹かれ東京から三島に移住。地元の野菜やフルーツを使ったプチガトーが鮮やかにショーケースを彩る。食感、香り、口溶けなど、口に運んだ瞬間から始まるさまざまな感覚はpHで調整しているそうだ。まずはしっとりしたスポンジ生地と生クリームが特徴の「ショートケーキ」を。口の中でとろけていく感覚を楽しんで。

グルメスポット d

1.マグロ、イカ、穴子、それぞれタレを使い分ける　2.木曽漆塗りのカウンター

150年続く江戸前鮨の名店

あめや鮨 あめやずし

明治元年の創業以来、一子相伝で受け継がれてきたタレは煮切り、マグロ、甲殻類、穴子の4種類。これを目当てに訪れる客も多く、現在は4代目親方の長倉慶雄さんがその味を守る。ふんわりとやさしい甘さが魅力のおぼろ、細かな飾り切りをあしらった美しいハランなど、職人の技が細部まで光る。

a #dilettante cafe

☎055-972-3572　住三島市緑町1-1 1F　営11：30〜16：00（15：00LO）※金・土・日曜のみ18：00〜22：00（21：00LO）も営業　休月・火曜　¥昼2500円〜、夜5000円〜　交東名沼津ICから国道1号経由約20分　P2台

b 源兵衛川 水辺の道

☎055-971-5000（三島市観光協会）　住三島市芝本町
交「#dilettante cafe」から徒歩すぐ　Pなし

c Tron Coni

☎055-939-7288　住三島市本町11-3 ベルメゾン三島本町1F
営10：00〜18：30 ※売り切れ次第終了　休水曜、第1木曜
交「#dilettante cafe」から車で2分　Pなし

d あめや鮨

☎055-975-1152　住三島市大宮町1-1-21　営11：00〜14：00、16：00〜21：00　休水曜　交「#dilettante cafe」から車で5分　Pあり

浜松市天竜区

天竜川を目指して…
絶景と川の恵みに感謝

納涼亭《のうりょうてい》

夏のごちそう「鮎の塩焼き」700円。躍動感のある串打ちで美しい姿に

ふっくらウナギはうな重で
アユやイワナも外せない

全面ガラス張りの部屋から、天竜川の雄大な流れが大パノラマで堪能できる料亭。深い緑色に輝く水面、瀬に立つ白波、そこには渡り鳥が羽を休める姿も。刻一刻と変わっていく景色は、ずっと眺めていても飽きることがなく、穏やかな時間が流れる。

提供される料理も、まさにその川がもたらす恵み。天竜川水系で育ったアユやアマゴ、初秋からはイワナなどの川魚が味わえる。「うな重」は、昭和2年の創業時から継ぎ足し、守られてきたタレが味の決め手。外はパリッと、中はふっくら仕上げられた蒲焼きに、親方の熟練の技が光る。山椒は青い実だけで作る粉青山椒を使用。京都の専門店に直接オーダーし挽いてもらっている。美しい色合いとピリリとした刺激がたまらない。

1～3階まで、すべての部屋から天竜川が望める。対岸の緑も美しい

3代目親方・河合悦治さんは、大根で鶴などを作る「むきもの」の技を持つ

ドライブの疲れも吹き飛ぶ天竜川の堂々たる流れ

うま味が凝縮された「鮎の活造り」800円

「うな重」はミニ丼1500円～。写真は竹2600円

季節の魚を好みのままに調理

アユは塩焼きが一般的だが、揚げても煮ても美味。昆布で巻いて姿煮にした「天竜しぶき煮」は箸でほぐれるやわらかさだ。さらにおすすめしたいのが刺身。鮮度抜群だから味わえる、締まった身の食感を堪能しよう。

1

1.「餃子」（20個）1200円。あっさり味なので、ぺろりと完食！　2.現在は3代目の大隅純さんが初代から続く味を守っている　3.くるりと円を描くように餃子を並べるのが石松流。真ん中のスペースを埋めるためにモヤシのつけ合わせが生まれた

2

3

グルメスポット

元祖モヤシのせ浜松餃子

石松餃子 本店

いしまつぎょうざ

昭和28年創業の専門店。餃子の皿の中央にモヤシを盛る、浜松餃子独特のスタイルを考案した店としても知られる。豚肉よりキャベツの量が多く、あっさりとした味わいが特徴。皮はもちもちしていて、香ばしくパリッと焼き上がる薄皮を使用。この餃子に合わせて作られたオリジナルの少し甘めの酢醤油や、爽やかな辛みの自家製ラー油をつけて、召し上がれ。

「浜北万葉まつり」で行われる「曲水の宴」。万葉の衣装をまとった参宴者の姿も見もの

店頭の窓口から買える手軽さも人気の理由

グルメスポット c

たい焼き&わらびもち

えびすや

昔ながらのおやつを求めて行列ができる人気店。10月中旬〜翌4月中旬に登場する「たい焼き」のあんは、気温に合わせて甘みを調整。6〜7時間煮た小豆は皮も気にならないほど滑らかな舌触り。「わらびもち」は5月中旬〜9月中旬の販売で、二俣地区をリヤカーで引き売りもする。お小遣いで楽しめる50円の袋売りは子どもたちに大人気。

ビュースポット d

万葉集に登場する植物に出合える

万葉の森公園

まんようのもりこうえん

万葉の時代をテーマにした自然豊かな公園。園内には万葉植物およそ300種、5000本が集められた「万葉の森」、平安時代の雅な風習、曲水の宴を催すための「曲水庭園」、万葉歌の資料展示、往事の貴族の食事が体験できる「万葉亭」、草木染めなどが楽しめる「伎部の工房」などがある。毎年10月には「浜北万葉まつり」が開かれている。

1

2

1. 今では珍しいリヤカー販売。鐘を鳴らしながら売り歩く　2. 袋売りはリヤカー限定。山盛りなのがうれしい

a 納涼亭

☎053-925-2238　住浜松市天竜区二俣町鹿島1-10　営11:00〜14:00、17:00〜20:00　休月曜(祝日営業、翌日休み)　¥昼・夜1080円〜　交新東名浜松浜北ICから国道152号経由7分　P35台

b 石松餃子 本店

☎053-586-8522　住浜松市浜北区小松1145-1　営11:00〜14:00、17:00〜20:30(20:00LO)※土・日曜、祝日16:30〜　休水・木曜　交「納涼亭」から車で18分　P20台

c えびすや

☎053-583-0176　住浜松市浜北区上島2345-229　営12:30〜無くなるまで　休雨の日　交「納涼亭」から車で5分　P3台

d 万葉の森公園

☎053-586-8700　住浜松市浜北区平口5051-1　営9:00〜17:00　休月曜　交「納涼亭」から車で19分　P40台

【ドライブコース】

- 新東名浜松浜北IC
- ↓7min
- 納涼亭 a
- ↓5min
- えびすや c
- ↓17min
- 万葉の森公園 d
- ↓8min
- 石松餃子 本店 b

海・山・里の恵みをいただきます

獲れたてピチピチの魚介から、山の恵みジビエ・肉料理、
大地のパワーを感じる野菜料理まで。
蕎麦、農家ご飯、BBQ、カフェメニューも見逃せない！
さあ、景色と一緒に楽しめるとっておきを、いただこう。

獲れたてピチピチ魚料理

三四郎島×漁師料理

西伊豆町 漁師カフェ 堂ヶ島食堂《どうがしましょくどう》

店舗は遊覧船乗り場の目の前にあり、堂ヶ島ならではの絶景が望める

駿河湾の幸満載の漁師料理。「GEO（地魚）刺身定食」2100円（手前）、ふっくらと身の厚い「堂ヶ島アジフライ定食（3枚）」1690円（右上）。※各ご飯、味噌汁、漬物、小鉢などが付く

豪快に食べたい「俺の!ぶっかけ丼」1690円。ご飯にカンパチ、アオリイカ、メカブ、玉子などをのせて、特製だし醤油で味付け。キラキラ輝く海の景色が美しい

絶景と味わう駿河湾の幸

西伊豆・堂ヶ島を一望する絶景カフェ。カフェを名乗るが味わえるのは海の幸満載の豪快漁師料理。「料理のボリュームはすべて自分基準」と話す店主の鈴木洋史さん。「せっかく来店してくれたのだから、非日常的なものを味わって、それを誰かに話すことで二度楽しんでもらいたい」と、思い出に残るメニューを心掛けているそうだ。

料理にはキンメ、タイ、イサキ、ヒラメなど地元に揚がる新鮮な魚介や干物、地元の海女から仕入れる貝類など駿河湾の幸が満載。漁の解禁時には、店主自ら海に潜りサザエやトコブシなどを捕り、名物の「ところてん食べ放題」も、テングサ採りからすべて店主が手作りする。店舗1階には愛犬と一緒に食事ができる冷暖房完備のスペースもある。

1

2

3

1.「海鮮漁師丼」1890円
2.食事をすれば、もれなく「ところてん食べ放題」が付いてくる。酢醤油または黒みつで召し上がれ　3.堂ヶ島の景色を独り占め

ご飯は通常でも大盛り。小盛りサイズも用意してます!

「サバラン」
380円（税込）

「ガトーショコラ」
450円（税込）

「タルトタタン」
490円（税込）

グルメスポット b

選ぶ楽しさあふれるスイーツ

Satouya サトウヤ

30種以上の洋生菓子と40種以上の焼き菓子が常時並ぶ店内。どの客も彩り豊かなスイーツを前に、目を輝かせている。これぞ、店主・佐藤滋之さんのモットー「お客さんに選ぶ楽しみを」が実現している光景だ。カフェも併設し、オープンテラスでコーヒータイムを過ごすのもいい。

干潮時には多くの人が寄せては返す波間を行き交う

ビュースポット c

海を渡る!?トンボロ現象

三四郎島 さんしろうじま

沖合200mほどのところにある「伝兵衛島」「中ノ島」「沖ノ瀬島」「高島」の4つの島が並ぶ絶景スポット。見る角度によって3つに見えたり、4つに見えたりすることから「三四郎島」と呼ばれる。干潮時には一番手前の伝兵衛島まで瀬が現れ、足を濡らさずに歩いて渡ることができる。タイミングよくこの珍しいトンボロ現象に出合たえら、ラッキー！

硬く締まった身にうま味を蓄えた本枯れ節。
1本1200円～

かつお節のほか、なまり節やハラモの燻製などもこの製法で作る

グルメスポット d

手間暇かけた極上のかつお節

カネサ鰹節商店 カネサかつおぶししょうてん

1882年創業、昔ながらの製法を守り続ける本枯れかつお節の名店。鮮度の良いカツオを丁寧に下処理した後、130度を超える炉に直接手をかざし温度を計りながら、つきっきりで火力調節する「手火山式焙乾製法」で、うま味を凝縮させた荒節に。その後天日干しとカビ付けを7度繰り返し、半年かけてようやくかつお節が完成する。

a 堂ヶ島食堂
☎0558-52-0134 住賀茂郡西伊豆町仁科2045-3 営11：00～16：00（15：30LO） 休木曜、不定休あり ¥昼1500円～ 交伊豆縦貫道月ヶ瀬ICから国道136号経由50分 P16台

b Satouya
☎0558-52-3108 住賀茂郡西伊豆町仁科257-2 営10：00～18：00※カフェ～16：30LO 休火・水曜、不定休あり 交「堂ヶ島食堂」から車で4分 P9台

c 三四郎島
☎0558-52-1268（西伊豆町観光協会） 住賀茂郡西伊豆町仁科2960 交「堂ヶ島食堂」から車で1分 Pなし

d カネサ鰹節商店
☎0558-53-0016 住賀茂郡西伊豆町田子600-1 営8：00～17：00 ※11～3月は16：30まで 休なし 交「堂ヶ島食堂」から車で9分 Pあり

匠の技が光る「お任せ懐石」3780円

百年の邸×旬の山海食材

古民家割烹 ひよけ家《ひよけや》 ⓐ

伊東市

築100余年の古民家で味わう匠の美食

幾度となく大火に見舞われてきた伊東・宇佐美エリアで、奇跡的に火災から逃れ続け「火除けの家」と呼ばれるようになった邸宅。当時の姿を残しつつ、100余年の時を経て食事処として美しく蘇った。そんな邸宅のテーブルに上るのは旬の美食。地元に揚がる魚介や地野菜を中心に全国各地の旬の食材を用い、手間を惜しまず丁寧に作る料理は四季の移ろいとともに変化する。昼はランチ、刺身や焼き物などのアラカルトの他、夜はコース料理（5000円〜）を用意。靴を脱いでゆったりと、庭園と宇佐美の海を眺めながらくつろぎの時を過ごそう。

1.「ひよけ家特選ランチ」1500円。ランチにはコーヒーのサービスも　2.旬の魚介が並ぶお造り　3.窓の外には、美しい日本庭園が広がる。日本の名庭100選に認定された庭を手がけた京都の庭師・平井幸輝氏の作　4.樹齢350年の黒松と日本建築の伝統美が、見る人の心を打つ

ハンドメイドケーキ「甘夏とナッツのパウンドケーキ」300円（税込）〜。スピルリナと小松菜、バナナを使った「GREEN SMOOTHIE」550円（税込）

グルメスポット b

地球の恵みを味わう

Earth Bowl Cafe

アースボールカフェ

ボーカルグループ・横濱シスターズの次女Sachiさんが営む自然派カフェ。化学調味料を使わず、伊東産の魚・野菜料理をはじめ、庭で収穫した甘夏で作るジュースやオランジェット、スピルリナを使ったスムージーなど、オーガニックや地産地消を心がけた、体が喜ぶメニューがそろう。

グルメスポット c

獲れたてシラスの直売所

しらすの美吉丸

しらすのみきちまる

日の出とともに出漁し、店に戻るや、生シラスの販売と、獲れたてシラスを茹でて天日干し。漁期になると行列ができる人気店だ。店主曰く「3〜5月、10〜11月のシラスが特におすすめ」。購入は予約必須（9:30〜電話受付）。自分で作る「美吉丸のしらすアイス」もぜひ味わって。

1

2

1.「美吉丸のしらすアイス」400円（税込）。井田塩のミルクアイスに、しらすせんべい、ちりめんじゃこをトッピング　2.「釜揚げしらす」（1パック）500円（税込）、生シラス、ちりめんじゃこも各500円（税込）

a ひよけ家

☎0557-48-9022　住伊東市宇佐美1748-1　営11：30〜14：00、17：00〜22：00（21：00LO）　休火曜、隔週水曜　¥昼1500円〜、夜5000円〜　交修善寺道路大仁中央ICから亀石峠経由26分　P30台

b Earth Bowl Cafe

☎050-5360-1946　住伊東市宇佐美3594-283　営12：00〜16：00　※夜は貸切可（コース2500円・4人〜）　休火・水曜　※7〜9月は金・土・日曜、祝日のみ営業、不定休あり、HPで確認を　交「ひよけ家」から車で15分　P5台

c しらすの美吉丸

☎0557-48-8818　住伊東市宇佐美263-1　営9：00〜15：00　休禁漁期（1/15〜3/20）※不漁、天候不良時の休みあり　交「ひよけ家」から車で1分　Pなし※宇佐美留田浜辺公園駐車場を利用

オクシズ×ヤマメ三昧

山女魚の里 見月茶屋《みつきちゃや》 ⓐ

静岡市葵区

ゆったりくつろぐ
なら開放感のある
2階の座敷席へ

「やまめ塩焼き」
500円（税込）

刺身、甘露煮、唐揚…
山の滋味に舌鼓

梅ヶ島街道沿い、見月山の麓にあるヤマメ料理が堪能できる店。窓の外には緑深い木々が濃い茂り、心地いいせせらぎが聞こえる自然豊かな場所だ。ここで味わえるのは、ヤマメ（正式名称はアマゴで、この地域ではヤマメと呼んでいる）の塩焼き、刺身、甘露煮、唐揚、つみれ。そして1日に1〜2人分しか獲れないという貴重な生肝にも運が良ければ出合えるかも。囲炉裏で焼いた塩焼きは、皮はパリッと身はふっくらとして、頭から丸ごと食べられる。「魚が苦手な人でも大丈夫」と店主。地元で獲れた野生のイノシシの串焼きなども楽しめる。

「やまめ甘露煮」500円（税込）、「やまめ唐揚」700円（税込）

「やまめつみれ揚げ」600円（税込）

「やまめ刺身」900円（税込）。全く臭みを感じさせない、淡白な味

ランチの「M・P・B（モッツァレラ、トマト、バジル）」1430円（税込）と、＋1000円（税込）で前菜などと一緒に楽しめる「プチドルチェ」

グルメスポット b

景色もごちそう
古民家イタリアン

ニノ・ペペローネ

鷹匠からオクシズの地に移転したイタリアンレストラン。築300年の古民家で味わう味と田舎の風景が好評で、予約なしでは入れない人気ぶり。30種類以上あるパスタメニューから好きなものが選べるランチ、アラカルトで楽しめるディナー、どちらも予約して出かけたい。

グルメスポット c

こだわりの濃厚木綿豆富

平野の豆富や 大村商店

おおむらしょうてん

明治の終わりから続く老舗。おいしさを追求し、日々研究を重ねる店主の手造り豆富は、午前中に売り切れてしまうことも。国産大豆にこだわった人気の「お豆富」は大豆の味が濃く、甘みがあり、「まずは何もつけずに味わってみてほしい」と店主。厚揚げとがんもは、焼いてからしょうが醤油を付けて召し上がれ。

「お豆富」270円（税込）。作っているのは木綿のみ

レンコンの輪切り入り「レンコンがんも」（1個）200円（税込）

a 見月茶屋
☎054-293-2151　住静岡市葵区平野2019
営11：00〜18：00　※18時以降は4人以上で予約　休火曜（祝日営業、振替あり）
¥昼・夜2000円〜　交新東名新静岡ICから県道29号経由約20分　Pあり

b ニノ・ペペローネ
☎054-293-2727　住静岡市葵区平野135
営11：30〜15：00、18：00〜19：30 ※ディナーは当日17：00までの予約制、ランチも予約推奨　休火曜、第3水曜　交「見月茶屋」から車で約2分　P11台

c 大村商店
☎054-293-2012　住静岡市葵区平野69
営9：00〜18：00 ※売切れ次第終了　休不定休
交「見月茶屋」から車で約1分　Pあり

隠し味にバターを効かせた「さば照焼丼」750円（税込）

魚市場×さかな三昧

小川港魚河岸食堂《こがわこうううおがししょくどう》 ⓐ

焼津市

甘辛の自家製タレに漬けた「まぐろ漬け丼」930円（税込）

マグロかカツオの刺身に焼きサバ、魚の天ぷらも付いて大満足の「魚河岸定食」1000円（税込）

刺身、丼、煮魚、焼き魚 魚料理なら何でもござれ

焼津港、小川港、大井川港の３つの港を有し、マグロ、カツオ、サバ、シラスなど多彩な魚が水揚げされる魚の町、焼津。この店は小川港で働く人のための食堂だが、漁業関係者でなくても利用でき、鮮度の良さはもちろんリーズナブルに食べられると県内外から人気を呼んでいる。店に入ると壁一面にメニュー写真が貼られ、その数なんと50種類以上。刺身定食から煮付け、焼き魚、脂がのったステーキまで魚料理の充実ぶりはさすが！週末の昼時は行列必至。午後は品切れも出てくるので午前10～11時頃の入店がおすすめ。

1.柔らかなホホ肉を甘辛のタレに絡めた「まぐろホホ肉ステーキ丼」880円（税込）
2.なまり節を甘めの醤油ダレで焼いた「カツオステーキ定食」830円（税込）

グルメスポット b

空と海を眺める癒しのひととき

邸宅カフェ ダダリ

ていたくカフェ ダダリ

大崩海岸沿いを走る用宗街道から少し脇道に入った高台に立つ一軒家カフェ。元は外国人の別荘という洋館からは駿河湾を一望でき、テラスから見る景色は息を飲むほど。波音と小鳥のさえずりをBGMにいつまでも眺めていたくなる。

かぼちゃの甘みを活かしたケーキとコーヒーの「ケーキセット」950円（税込）

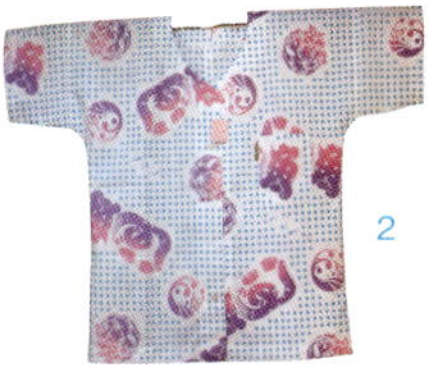

1.「鰹 jerky」350円。酒のつまみはもちろんサラダにのせても　2.着心地がいい「魚河岸シャツ」6150円～

グルメスポット c

魚加工品&魚河岸シャツ

ぬかや斎藤商店

ぬかやさいとうしょうてん

明治20年創業の老舗。焼津で水揚げされるマグロ、カツオ、サバを中心に、昔ながらの手作業で添加物を使わず加工。なまり節や塩辛、ハラモの燻製をはじめ、サバの角煮、地元の銘酒「磯自慢」の酒粕漬けなど、魚好きにはたまらないラインナップ。女性目線で仕立てた魚河岸シャツも見逃せない。

a 小川港魚河岸食堂

☎054-624-6868　住焼津市小川3392-9　営7:00～14:00 ※土曜、市場定休日10:00～　休火曜　¥昼900～1300円　交東名焼津ICから県道81号経由15分　Pあり

b 邸宅カフェ ダダリ

☎054-627-7581　住焼津市小浜1409　営10:00～18:00　休月～金曜（土・日曜、祝日のみ営業）　交「小川港魚河岸食堂」から車で12分　P15台

c ぬかや斎藤商店

☎054-628-4239　住焼津市城之腰109-1　営10:00～17:00　休不定休　交「小川港魚河岸食堂」から車で4分　Pあり

舞阪漁港×活天丼

魚あら《うおあら》 ⓐ

浜松市西区

「活魚あら定食」3800円は、同店の魅力をふんだんに盛り込んだ欲張りメニュー

舞阪漁港を眺めながら 海の幸に舌鼓

「舞阪で天丼なら、魚あらさん」と地元で親しまれる同店は、4代目が腕を振るう創業100年以上の老舗。一番人気の「活天丼」は、海老天のプリプリ食感がたまらない。甘めのタレを絡めた天ぷらと、少し硬めのご飯との相性が絶妙だ。「さしみ盛り合わせ定食」は、旬との出合いが楽しみ。鮮魚や名物料理をいろいろ味わいたいなら、天丼または天ぷら、刺身とウナギが付く「活魚あら定食」で希望を叶えて。舞阪漁港がすぐ横なので、漁の情報はタイムリー。生シラスやモチガツオがあったら、必ずオーダーしたい。

大きな窓から舞阪漁港を眺めながら、地物を味わう喜びを

名物「活天丼」2000円。大きな海老天は、あえて残した殻の食感もリズムになっている

5種類のネタが旬ごとに替わる「さしみ盛り合わせ定食」2500円。この日は、カツオ、ヒラメ、マダイ、シマアジ、ハタ

シラスはケースからの量り売り。値段は時期で変動する

グルメスポット b

舞阪名物シラスの新鮮さ

丸吉 堀江商店《まるきち ほりえしょうてん》

漁に出た日だけ登場する朝獲れの釜揚げシラスは、知る人ぞ知る人気の一品。姿形も美しい真っ白な極上シラスは手土産に。極太タイプはかき揚げやトーストにしても食べ応え十分だ。約10種類のタイプが異なるシラスから用途や好みで選んだり、スタッフにおすすめの味わい方を聞いたりと、買い物を楽しんで。

グルメスポット c

甘さと酸味が絶妙な「ブルーベリーのタルト」410円

優しい甘さで思わず笑顔に

フランス菓子 Chocott《チョコット》

「毎日のおやつにしても飽きない味」をモットーとするスイーツが約10種類。季節ごとのフルーツを使ったタルトや、デコレーションケーキの彩りにも心躍る。生クリームや生地のおいしさに定評があり、どれも砂糖少なめ。沖縄産「雪塩」が味に奥行きをもたらしている。民家を改装したかわいい店内には、イートインスペースもある。

白亜の一軒家を探して

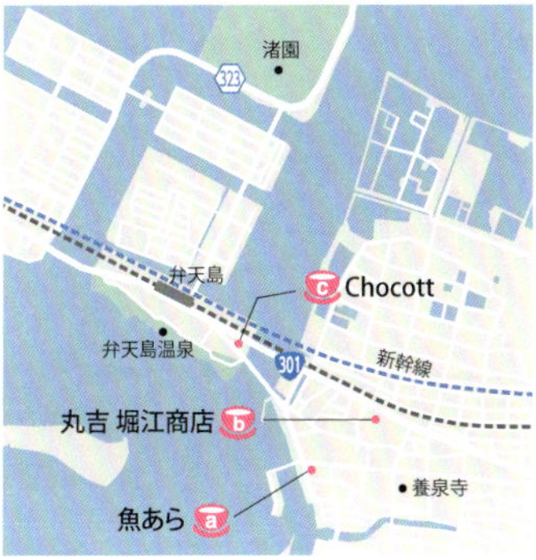

a 魚あら

☎053-592-0041　住浜松市西区舞阪町舞阪2119-12　営11：00～14：00、16：30～20：00　休月曜（祝日営業）　¥昼・夜1500円～　交国道1号浜名バイパス馬郡ICから県道49号経由5分　P25台

b 丸吉 堀江商店

☎053-592-0148　住浜松市西区舞阪町舞阪1794-2　営8：30～18：00　休元旦　交「魚あら」から車で3分　P10台

c Chocott

☎053-592-7048　住浜松市西区舞阪町弁天島2669-192　営10：00～18：00　休月・火曜　交「魚あら」から車で3分　P5台

おいしい&楽しい

お泊《とま》りグルメ

1

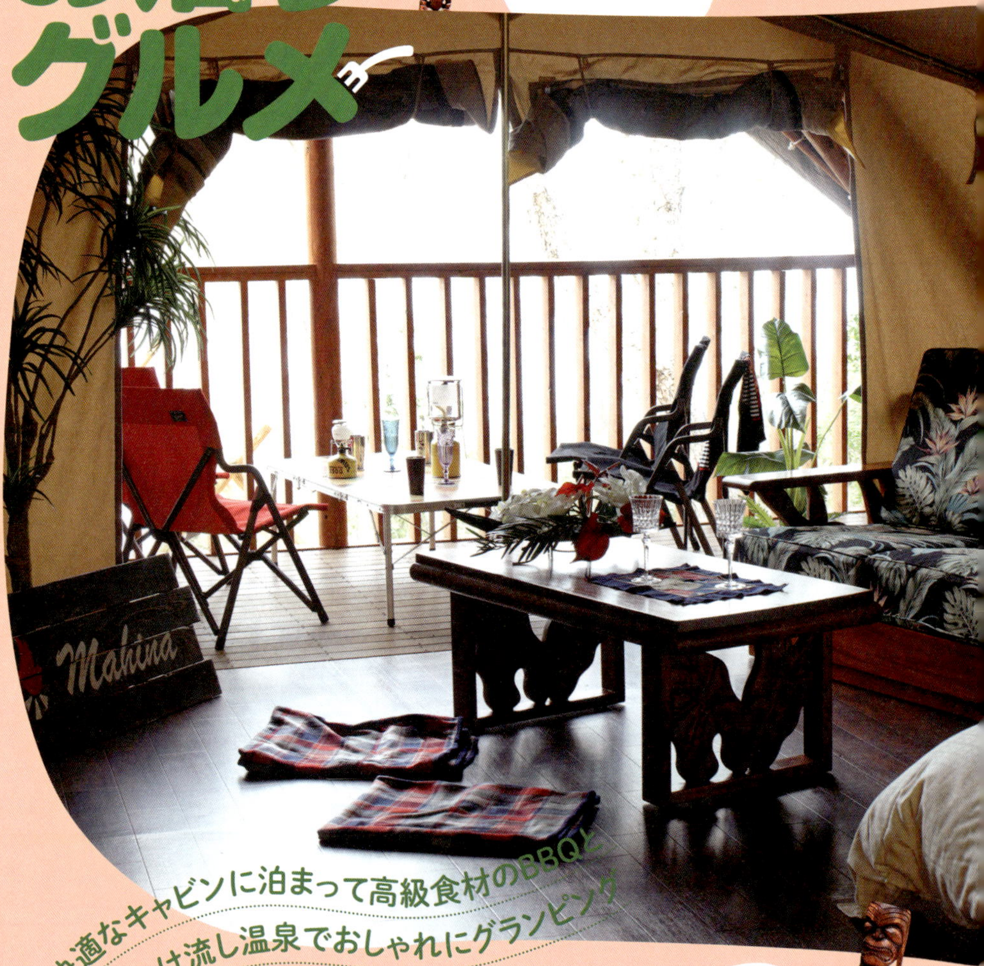

快適なキャビンに泊まって高級食材のBBQと
源泉かけ流し温泉でおしゃれにグランピング

Mahina Glamping Spa Village

マヒナ・グランピング・スパ・ヴィレッジ

東伊豆町

2

3

4

GOURMET

5

2017年、東伊豆町大川温泉の旅館「御宿 風月無辺」の敷地内にオープンした新しいキャンプスタイルの施設。ハワイアンをモチーフとしたテント「ラグジュアリーキャビン」は、冷暖房完備の贅沢な設えで、まるで南国のリゾートホテルのよう。テラスからは木々の緑と海が一望でき、ハンモックやソファでゆったり思い思いの時間を過ごすことができる。

施設内には自家源泉かけ流しの露天風呂があり、それも海を見下ろすグッドロケーション。心行くまで心と体を癒やそう。そしてお楽しみは夕食のBBQ。キャビンのテラスに設置された専用ロースターで、伊豆ならではの海鮮やステーキ、地元産野菜など高級食材を自分で焼いて楽しめる。ワンランク上のキャンプスタイル「グランピング」を堪能しよう。

アロハ!

6

7

1.相模湾を一望できるパノラマ展望台　2.ウエルカムドリンクは生絞りフルーツジュース　3.海鮮たっぷりの「和ヒージョ」　4.贅沢なステーキを堪能　5.厳選素材のBBQ。オードブルやステーキ、デザートも付いてくる　6.予約制で貸し切りできる露天風呂。キャビン内には足湯もある　7.キャビンは1棟丸ごとの貸し切り制。昼と夜で雰囲気が一変し、夜景も独り占めできる

Mahina Glamping Spa Village

☎050-3733-0555(予約専用)　住賀茂郡東伊豆町大川1096-1　営チェックイン14:00～、チェックアウト10:00　休なし　¥1泊2食14800円(税込)～　交修善寺道路修善寺ICから中伊豆バイパス経由60分　Pあり(御宿 風月無辺と共同)

山の恵みジビエ・肉料理

牧場グランピング×岡村牛

富士宮市

まかいの牧場 森のかくれ家・グランピング ⓐ

もりのかくれや グランピング

贅沢な食事もグランピングの魅力。自然の中で味わえばおいしさもさらにアップ

富士山を眺めながら
高原の風を感じよう

富士山を望む森のかくれ家でとっておきの岡村牛BBQ

まかいの牧場内にあるにグランピング施設。ここの売りは何と言っても地元産「岡村牛」のBBQだ。ジューシーでさっぱりとした味わいの赤身肉だから、ミディアムレアに焼いて、肉のおいしさを堪能したい。天然酵母パンや、クラムチャウダー、牛乳、チーズケーキといった牧場ならではの味もセットされている。

デイグランピンクの利用時間はランチを挟んで4時間。BBQを楽しんだ後は、テントの中でゆっくりまどろむもよし。アスレチックにチャレンジしてもOK。小腹が空いたら焚き火でマシュマロを炙って野趣あふれるスイーツタイムを過ごすのもおすすめ。手ぶらで気軽、そしてちょっぴり贅沢にアウトドアを満喫できる穴場スポットだ。気の合う仲間と出かけたい。

1

2

1.ガスコンロなので女性でも簡単　2.炙ったマシュマロはとろけるおいしさ　3.テント内でリラックス　4.牧場ののどかな風景に癒やされる。ソーセージ作りやモツァレラチーズ作りの体験、動物とのふれあいも楽しめる

3

4

グルメスポット b

楽しい食感にワクワク!

Gâteau Marche dimanche matin《ディマンシュ　マタン》

コンセプトは「ワクワクするお菓子」。"サクサク"や"パリパリ"など、食感の変化を意識したというスイーツは、見ても食べても楽しく、思わず笑顔になること間違いなし。2階に設けられたイートインスペースは、天気が良ければ富士山を望める特等席となる。店主こだわりのコーヒーや紅茶と共に召し上がれ。ヨーロッパを彷彿させるブルーの外観も印象的。

1.ヨーロッパを訪れたかのようなおしゃれな佇まい　2.ふんわり生地で旬の果実を包んだ「フルーツロール」320円　3.「グレープフルーツのパリパリタルト」390円は夏季限定

ビュースポット c

迫力満点! 豪快な滝景色

音止の滝《おとどめのたき》

芝川本流、高さ25mの絶壁から轟音を立てて落下する名瀑。名前の由来はその昔、曽我兄弟が父の仇の工藤祐経を討つ密議をしていたが、滝の音で声がさえぎられたため、しばし神に念じたところ一瞬滝の音が止んだという伝説による。すぐ近くにある、女性的な美しさを持つ「白糸の滝」とは対照的な男性的な滝だ。合わせて巡ってみては。

迫力満点の「音止の滝」

落花生のペースト入り。風味豊かな「落花生ソフトクリーム」350円

通年収穫できるキュウリやトマトなど、約2万種類の商品が並ぶ

グルメスポット d

畑から直送の朝採れ野菜

JA富士宮 ファーマーズマーケット う宮〜な《うみゃ〜な》

富士山麓の豊かな土壌で育った農畜産物やその加工品などを扱う直売所。季節限定の野菜も豊富にそろい、中でも8〜10月に旬を迎える生落花生は大人気。塩茹でして食べるのが地元流だ。新鮮な牛乳や、富士宮ブランドの豚肉、鶏肉もお見逃しなく。農家のお母さんたちお手製の惣菜や、餅、スイーツ、ここでしか食べられない「落花生ソフト」も好評。

a まかいの牧場 森のかくれ家・グランピング
☎0544-54-0342　住富士宮市内野1327-1　営9:30〜17:30 ※デイグランピングは11:00〜15:00の4時間(3日前までの要予約)。当日の空きがあれば2時間のプチグランピングの利用も可能(コーヒーまたは牛乳とマシュマロ)　休不定休 ※12/1〜3/20は水曜　¥デイグランピング大人7000円(税込)　交新東名新富士ICから国道139号経由40分　P700台

b dimanche matin
☎0544-59-0311　住富士宮市外神2191-11　営10:00〜19:00　休火・水曜、不定休あり　交「まかいの牧場」から車で12分　P8台

c 音止の滝
☎0544-54-2880(白糸の滝駐車場)　住富士宮市原上井出273-1　営駐車場8:30〜17:00　交「まかいの牧場」から車で7分　P128台(有料)

d う宮〜な
☎0544-59-2022　住富士宮市外神123　営8:30〜17:00　休火曜
交「まかいの牧場」から車で14分　P400台

相模湾の雄大な
景色もごちそう

相模湾 × あしたか牛

鉄板ダイニング&バー グランディーテ ⓐ

伊東市

目の前で繰り広げられるシェフのパフォーマンスに五感を刺激され、期待が高まる

五感で味わう鉄板焼きと雄大な海の絶景

伊豆高原の高台に立つ鉄板焼きレストラン。ランチタイムは、窓際に設けられた鉄板カウンターの先に広がる相模湾の絶景と、目の前でシェフが焼く「あしたか牛」のハンバーグが楽しめる人気スポットだ。粗挽きしたあしたか牛をベースに、ステーキ肉を整える際に出る黒毛和牛の肉片を加えているのがポイントで、ソースはイタリアン、和風、デミグラスの３種類からチョイスできる。国産牛や黒毛和牛のステーキ、海鮮などを贅沢に味わうのもいい。シックな大人の空間に一変する夜は、6000円～のコースで、優雅な時間を過ごしたい。

「選べてお得なランチコース・あしたか牛ハンバーグ200g」3000円。味噌汁、香の物、プチデザート、コーヒー or 紅茶が付く

自慢の景色と鉄板料理をお楽しみください

足がすくむ「門脇つり橋」

ビュースポット b

絶壁に架かる絶景つり橋

城ヶ崎海岸

じょうがさきかいがん

約4000年前の大室山の噴火で溶岩が海に流れ出し、侵食によって削られてきた溶岩岩石海岸。9kmにわたって断崖絶壁の入江や岬が複雑に続き、迫力ある景色が楽しめる。サスペンスドラマにもよく登場する長さ48m、高さ23mのつり橋はぜひ訪れたいスポット。揺れる橋も、眼下に見える荒波もスリル満点だ。

グルメスポット c

焼きたてパンをおやつに

ル・フィヤージュ

緑に囲まれたベーカリーカフェ。焼きたてパンの香り漂う店内には80種類以上の個性豊かなパンが並ぶ。パン本来の味わいを楽しんでほしいと種類ごとに小麦粉の配合を変え、菓子パン、惣菜パンの具材もすべて自家製。おすすめの天然酵母のフランスパンはライ麦を配合した田舎風で、どんな食事にもよく合うと評判だ。

1.「トリュオンフ」400円（税込）　2.「ベーコンエピ」320円（税込）　3.「パン・オ・フィグ（小）」260円（税込）

a グランディーテ

☎0557-55-9861　住伊東市八幡野1283-67　営11：30～15：00（14：30LO）、17：00～22：00（21：00LO）　休火曜他　¥昼2000円～、夜6000円～　交修善寺道路大仁南ICから中伊豆バイパス経由50分　P10台

b 城ヶ崎海岸

☎0557-37-6105（伊東観光協会）　住伊東市富戸　交「グランディーテ」から車で10分　P123台（有料）

c ル・フィヤージュ

☎0557-53-3953　住伊東市八幡野1305-75　営9：00～17：00 ※カフェ～16：00　休火曜　交「グランディーテ」から車で3分　P20台

森の名手×生け捕りジビエ

寿司割烹 竹染《ちくせん》 ⓐ

浜松市天竜区

淡白なうま味の「猪しゃぶしゃぶ」（1人前）3500円

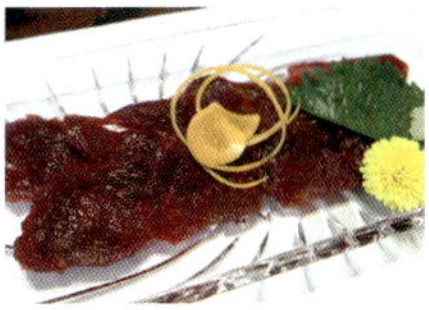

ファンの多い「鹿刺し」1300円

山が育む命に感謝
全国からファンが集まる名店

料理人であり猟師でもある森の名手・片桐邦雄さん

店主自ら山に入り、罠を仕掛け捕らえた天然の猪や鹿が味わえる希少な店。生け捕りにした獲物を、熟練の技でさばいた肉は、内臓に至るまで獣臭さがない。猟師でもある店主が手掛けるこのジビエのおいしさが話題を呼び、今や全国からファンが訪れる。10月からのお楽しみは「猪のしゃぶしゃぶ」。赤身肉が牡丹のように美しく、塩ベースのつゆが脂と肉本来のうま味を絶妙に引き出す。つゆが絡んだ肉は歯切れよく、少しもくどくない。夏（6～9月）のおすすめは「猪のもつ鍋」。ふわふわの大腸、歯触り軽やかな胃袋、シコシコしたタン、肉の塊ハラミなど、さまざまな部位を一度に堪能できる。

夏のお楽しみ「猪のもつ鍋」（1人前）3500円～※写真は4人前

「フルーツタルト」（15cm）3000円。ホールケーキは希望に合わせてオーダーメイド

グルメスポット b

売り切れ必至の緑茶スイーツ
森の中の菓子工房 ミココリエ

イベント出店から人気に火が付いたスイーツ店。おすすめは春野町の実家の茶園から茶葉を仕入れて作る緑茶スイーツだ。緑茶の香りと苦さがほんのり口に広がる「緑茶のロールケーキ」は特にファンが多い。日によってショーケースに並ぶカットケーキは変わり、ショートケーキやタルトなど、水・木曜は3～ 4種類、金・土・日曜は6～7種類がそろう。

「緑茶ロールケーキ」1500円

グルメスポット c

爽快！ ジンジャーサイダー
KISSA 山ノ舎
キッサ やまのいえ

「ここは山の入り口で、町からの出口」と話す店主。地元天竜の木材をふんだんに使ったくつろげるカフェだ。おすすめは爽やかでさっぱりとした甘さが魅力の「自家製ジンジャーソーダ」。人気の「りんごパイのレアチーズ」は、とろっとしたレアチーズと、サクッとしたパイ生地がベストマッチ！

レモン、はちみつ、しょうが入りの「自家製ジンジャーソーダ」450円 ※食事とセットの場合は+100円

a 竹染

☎053-926-2572　住浜松市天竜区二俣町二俣2177　営10：00～22：00 ※完全予約制（3日前までに電話で）　休月曜
¥昼・夜3500円～　交新東名浜松浜北ICから国道152号経由10分　P5台

b ミココリエ

☎053-545-4096　住浜松市天竜区二俣町二俣205-18　営10：30～18：30
休月・火曜、年末年始 ※臨時休業あり
交「竹染」から車で5分　P2台

c KISSA 山ノ舎

☎053-925-1720　住浜松市天竜区二俣町二俣1283-1　営11：00～17：00 ※金・土曜は19：00～24：00も営業　休月・火・水曜
交「竹染」から車で4分　P6台

大地のパワー！野菜料理

農園×イタリアン

浜松市浜北区 農＋ノーティス a

「ノーティスの畑のLUNCH」の一例。「新じゃが×浜納豆×フォアグラ」。メニューは畑の収穫野菜次第で決まる

1

自家農園の採れたて野菜の滋味を楽しむ

2

ワインをテイスティングするように、野菜の香りや食感、味を確かめる。食の楽しみ方を知る美食家たちが、旬野菜を求めて訪れる農家直営店だ。レストランの目の前を含め計4ヵ所ある1haの畑では、品目ごとに土壌を変えるなど、丁寧な栽培を心掛けている。

そんな野菜を使った料理を、イタリアンで楽しめる同店。店主の今津亮さんは、朝とランチタイムの後、定休日は畑で野菜作りを。それ以外は厨房に立ち、野菜の個性を引き出す料理を提供する。店頭では野菜も販売し、2019年6月～は奥さん手作りのパンの販売もスタート。コースのみだったディナーにアラカルトを充実させるなど、自家製野菜の魅力発信により一層の力を注いでいる。

3

人と畑と料理をつなぐ農園のレストランです

4

1.「自家製パンチェッタとゴロゴロ夏野菜のカポナータソーススパゲッティーニ」。ナスと4種類のズッキーニの食感が心地よい　2. アンティパスタ「鶏むね肉の低温ロースト×グリーンリーフレタス」。4種類のレタスにムラサキキャベツ、四葉（すうよう）キュウリを添えて。食べ進めると、野菜に隠れた鶏肉が登場する ※料理はすべてランチコース1980円～の一例　3. 約60品目の野菜を育てる農園　4. 窓から畑を眺めながら大地の恵みをいただく

1.バナナ温室
2.レストラン「ペルレ」の週末限定ランチバイキング

グルメスポット b

フルーツ狩りと遊びが融合
はままつフルーツパーク時之栖
ときのすみか

イチゴやウメ、ナシ、ミカンなど、年間約15種類の果実狩りが1個から楽しめるテーマパーク。フルーツをモチーフにした遊具のある「フルーツオーケストラ」や「セグウェイ」「インモーション」など、大人から子どもまで楽しめるアクティビティも多彩。ワインや本格窯焼きピザ、BBQが楽しめるレストランも好評だ。

グルメスポット c

ドイツパンを求めて田園へ
Brot Lieben 都田店
ブロートリーベン みやこだてん

田園風景が広がるのどかな場所にある、かわいいドイツパン屋さん。店内にはハード系から菓子パンまで、約100種類のパンがずらり。金〜日曜の週末に登場する、無添加の「ライ麦入りドイツパン」を求めてやってくるファンも多い。イートインスペースもあり、ヤギやネコと触れ合いながら購入パンやカフェメニューを楽しめる。

S字のクープが特徴的な「ドイツパン・チーズ」660円、ハーフ330円他

「スコーン（プレーン&ブルーベリー」500円

グルメスポット d

癒やしのツリー&カフェ
Garden Cafe HACK BERRY
ハック ベリー

シンボルツリーの榎（えのき 英名：ハックベリー）の下でゆっくり過ごせるガーデンカフェ。フルーツやハーブを使ったスカッシュやビネガー、ジャムを添えたスコーンなど、自家農園で採れた果実を取り入れたメニューに出合える。「ブルーベリーマスタードのカツサンド」はブルーベリービネガーがほどよく漬かる秋が旬。緑豊かな景色に癒やされよう。

a 農＋ ノーティス
☎053-548-4227　住浜松市浜北区四大地9-1178　営11:30〜14:00LO、17:30〜（要予約）※直売所11:30〜、パンの販売は11:30〜売り切れ次第終了（木〜日曜のみ）　休月・水曜　¥昼1980円〜、夜3990円〜　交新東名浜松スマートICから2分　P13台

b はままつフルーツパーク時之栖
☎053-428-5211　住浜松市北区都田町4263-1　営9:00〜18:00　¥入園料大人・高校生700円（税込）、中学生・小学生350円（税込）、未就学児無料　交「農＋ ノーティス」から車で2分　P800台

c Brot Lieben 都田店
☎053-522-9498　住浜松市北区都田町3522　営9:00〜18:00　休月・火曜　交「農＋ ノーティス」から車で6分　P20台

b HACK BERRY
☎053-428-7003　住浜松市北区都田町8497-2　営10:00〜17:00（16:00LO）※ランチ11:30〜14:00　休日・月曜　交「農＋ ノーティス」から車で8分　P30台

庄屋屋敷×旬菜天ぷら

古民家cafeごはん 天ぽうや《てんぽうや》 ⓐ

南伊豆町

目の前で揚げられていく
天ぷらを五感で楽しむ

地元の豊かに育った
旬野菜たち

和モダンの空間で味わう旬野菜の天ぷら

のどかな緑の中にある天ぷら店。185年前の天保時代に建てられた地元の有力な庄屋の屋敷を移築した。味わえるのは一枚板のカウンターで一つずつ揚げられる本格的な天ぷら。ネタは自家菜園や直接地元農家に出向き仕入れた旬の地物野菜を主役に、近隣で捕れた地魚など、伊豆の旬を満喫できる。

昼は5種類のメニュー（平日1650円・税込～）が用意され、すべてに前菜、ご飯、味噌汁が付く。夜は予約制の「おまかせコース」5700円（税込）～のみ。落ち着いた空間で、揚げたて天ぷらをゆっくり味わう、そんな贅沢な時間を堪能したい。

1. 重厚感のある店構え　2. 食後は緑を眺めながらコーヒータイム

2

1

3

4

3. 寝かすことでうま味が増すというキスの天ぷら
4. 素材の甘みをさらに引き出したサツマイモ天

イセエビやアワビはお土産にしても喜ばれそうだ

店の前には弓ヶ浜海岸が広がる

グルメスポット b

活きサザエをお土産に

青木さざえ店

サザエ、イセエビなどの海産物を伊豆各地の旅館に卸す他、一般販売もする専門店。食事処を併設し、自社畜養場に常時新鮮な海産物がスタンバイしているため、鮮度抜群の魚介料理をリーズナブルに味わえる。売店で活きイセエビやサザエを購入し、テラスで浜風を感じながらBBQを楽しむのもおすすめ（雨天時は店内も可）。

ビュースポット c

ウミガメの産卵する貴重な浜でもある

美しい砂浜を散策したい

弓ヶ浜海岸

南伊豆を代表する人気のビーチ。目の前に広がる約1kmにも及ぶ弓状の白い砂浜と、遠浅で波も穏やかな透明度の高い青い海は、まさに絶景！ 夏はファミリー層やカップルで賑わう海水浴場に早変わりする。東に突出したタライ岬からは、雄大な海岸風景が一望でき、南に伊豆七島、東は爪木崎、西は石廊崎へ続く海岸線を見渡すことができる。

a 天ぽうや
☎0558-62-5310　住賀茂郡南伊豆町一色185-2　営11:30～15:00（14:30LO）※夜は予約制　休水曜　¥昼平日1650円（税込）～、休日2000円（税込）～　交伊豆縦貫道月ケ瀬ICから国道414号経由90分　P8台

b 青木さざえ店
☎0558-62-0333　住賀茂郡南伊豆町湊894-53　営8:30～18:00 ※土・日曜～19:00　休なし　交「天ぽうや」から車で15分　Pあり

c 弓ヶ浜海岸
☎0558-62-0141（南伊豆町観光協会）　住賀茂郡南伊豆町湊　交「天ぽうや」から車で15分　Pあり（有料）

不動峡×地場野菜

自然食かふぇ たろべえじゅ ⓐ

藤枝市

「玄米菜食シェアリングランチ」1852円。10品以上の野菜料理が味わえる

玄米菜食をシェアする 緑の中のレストラン

藤枝市の北部を流れる滝ノ谷川上流の山里にひっそりと立つ一軒家。緑に囲まれた店の前には「水車村」と呼ばれるエリアが広がり、大きな水車とかやぶき屋根の古民家が美しい姿を見せる。

営業は土・日曜限定で、メニューは「玄米菜食ランチ」(予約制)のみ。土鍋で炊いた玄米と汁物を基本に、オーガニックを主とした地場野菜を蒸す、煮る、焼く、揚げるなどしたシンプルな料理を提供する。大皿に盛られた料理を客同士でシェアリングする(お替わり自由)スタイルも独特だ。味付けには自然製法の調味料を用い、味噌をはじめ塩麹、醤油麹も自家製。砂糖は一切使っていないと聞き、野菜の持つ甘みやうま味に驚かされる。心まで満たす滋味を堪能しよう。

「人参のオーブン焼き」と「クレソンの和え物」。病を患い、食の大切さを痛感した店主の塚田千景さんが手作りする

塩麹を隠し味に土鍋で炊いた「玄米豆ごはん」

ビュースポット b

季節の移り変わりが美しい

滝ノ谷不動峡 たきのやふどうきょう

滝ノ谷川上流に広がる峡谷で、「たろべえじゅ」もこの地にある。せせらぎと緑の木々が心地よく、ハイキングコースとしても人気。藤枝市在住の彫刻家・杉村孝さんが岩肌に刻んだ高さ10m、幅7mの日本一の大きさの不動明王座像「磨崖仏」は必見だ。紅葉の名所としても知られ、毎年11月末には「滝ノ谷不動峡もみじまつり」が開催される。

グルメスポット c

ハンモックが揺れる癒しカフェ

ベトナムハンモック&雑貨カフェ

Hoa Sũa ホアスゥア

カフェやカレー屋などのグルメスポットが点在する「ゆるびく村」の中の1軒。ハンモックでくつろげるベトナムカフェだ。雑貨も販売する店内は異国情緒たっぷりで、アオザイ体験も人気。ベトナムの代表的スイーツ「チェー」とコーヒーでのんびりしたい。生春巻き&揚げ春巻きに、フォーやシチューなどのメインが付くランチ1500円も好評だ。

1.「チェー&ベトナムコーヒー」1000円(アイスコーヒー 1065円) 2.風が心地いいテラス席のハンモック

a たろべえじゅ

☎054-639-0875 住藤枝市瀬戸ノ谷12317-1 営12:00〜15:00 ※要予約 休月〜金曜 ¥昼1852円 交国道1号藤枝バイパス谷稲葉ICから県道32号経由約20分 P10台

b 滝ノ谷不動峡

☎054-647-1144 (藤枝市観光案内所) 住藤枝市瀬戸ノ谷 交「たろべえじゅ」から車で約2分 P20台

c Hoa Sũa

☎090-9896-7989 住藤枝市瀬戸ノ谷5639 営11:30〜16:00 ※予約推奨、10歳以下の子ども連れは必ず予約を 休木曜、不定休あり 交「たろべえじゅ」から車で約16分 P5台(共同)

おいしい＆楽しい

お泊《とま》りグルメ

ここでしか味わえない、贅沢な山の味と
尾根を見渡す雄大な景色に、元気をもらう

GOURMET

料理は季節や収穫した野菜によって変わるが、どれも滋味深い

農家民宿《のうかみんしゅく》 天空の宿《てんくうのやど》

川根本町

ブルーベリーどうぞ

この日の夕食メニューは、むかごのハンバーグとヤマメの甘露煮、抹茶入りゴマ豆腐、手作りこんにゃくの柚子みそ、お茶の葉の天ぷら…。10品ほどの素朴で贅沢な山の味が並ぶ。すべて、「農家民宿 天空の宿」の主・渡辺妙子さんの手作りで、食材もほとんどが自家栽培か地物だ。農家民宿を始めて6年。今やアメリカ、フランス、ドイツ、中国、インドネシアなど外国からの客も多く、マレーシアのメディアクルーも取材にやってきたという。

宿があるのは枝松山の中腹、標高410mの静かな山の中。眼下に広がる茶畑と、周辺の山々が見渡せる雄大な景観に、誰もが歓声を上げる。そして夜には満天の星が待っている。茶摘み、山菜採り、野菜の収穫、柏餅やこんにゃく作りなどの農家体験ができるのも魅力だ。

1

2

3

いっぱい採れた!

4

1.まさに大自然の真っただ中!手前に見えるのが「農家民宿 天空の宿」 2.ブルーベリーの収穫は6～7月限定。完熟した実は、驚くほど甘い 3.デザート用のブルーベリーと、天ぷら用の茶の葉を収穫。写真右が主の渡辺妙子さん 4.掘りたてのジャガイモは皮付きのまま茹でて食卓に並ぶ 5.お茶入りクッキー作りの体験中 6.柏餅作りは、人気の体験メニューの一つ。柏葉でなく朴葉を使うのが川根流 7.2階の客室からも、絶景が満喫できる

5

6

農家民宿 天空の宿

☎0547-56-0736 住榛原郡川根本町上長尾1647 営通年（年末年始などは問い合わせを）、定員6人、チェックイン15:00、チェックアウト10:00 ¥1泊2食7000円（税込）（夕・朝食共同調理）、体験1メニュー500円 交国道1号藤枝バイパス向谷ICまたは、新東名島田金谷ICから国道362号経由50分 Pあり

7

最高の眺め!

風情ある部屋の窓からはモミジ、
ヤマボウシ、フジザクラ、アジサイ
など、四季折々の自然が楽しめる

知る人ぞ知る! 絶品蕎麦

雑木の庭×蕎麦料理

裾野市 蕎仙坊《きょうざんぼう》 a

「三色そば」1260円（税込）、「そば豆腐」378円（税込）、「鴨焼き」（ハーフ）864円（税込）

喉越しのよい「天付きふじのね」
1836円（税込）

ゆっくり流れる
静かな時間に
漂いながら蕎麦を味わう

裾野の雑木林の中に、築400年を超える庄屋屋敷を移築した蕎麦屋がある。店主・斎藤親義さんは名店「一茶庵本店」で故片倉康雄氏の指導を受け、その後千葉の店を経て30年前、この地に開業した。その年の最良の玄蕎麦を丸抜きで仕入れ、自家製粉石臼挽きにした蕎麦粉を熟練の技で打つ。

骨太の「田舎」は、外皮や甘皮を含んだ一番粉を、「せいろ」はさらにふるいをかけた二番粉を、そして「更科」は蕎麦の中心のみを使用する。「ふじのね」はつなぎを一切使用しない生粉打ちの蕎麦で、その際立つ風味にファンが増えている。蕎麦だけに留まらず、蕎麦本来の素朴な味を生かした多彩な一品料理も堪能したい。

1

2

3

4

1.店主が丹精込めて打つ、その手から蕎仙坊の蕎麦が生まれる　2.「せせらぎ」600円（税込）。蕎麦豆腐とあん、石廊崎産の寒天を使用した甘味　3.蕎麦前の一品「そば味噌」648円（税込）　4.「そば串」756円（税込）。蕎麦がきを直火で炙り田楽みそ風味に

街中から近い場所にあり迫力大!

ビュースポット b

勢いよく流れ落ちる
5条の滝

五竜の滝《ごりゅうのたき》

裾野市を流れる黄瀬川と佐野川の合流付近にある5条の滝。幅約100m、高さ12mで本流にかかる3条の「雄滝」、支流にかかる2条の「雌滝」から成り、それぞれ「雪解け」「富士見」「月見」「銚子」「狭衣」と風流な名が付いている。勢いよく流れ落ちる滝が清流へと姿を変えていく様子を眺めているだけで、心地いい。

知る人ぞ知るカメラマン
イチオシの絶景スポット

ビュースポット c

美しい富士を眺めるならココ

十里木高原展望台《じゅうりぎこうげんてんぼうだい》

特大の美しい富士山が望める穴場スポット。標高約960mの展望台までは駐車場から歩いて30分程。階段の登山道と坂道を回るゆるやかな登山道があるので体調に合せて選ぼう。天気が良ければ山裾を大きく広げた雄大な富士山に出合える。銀色のススキが美しい秋の景色もおすすめ。

1

2

1.「くるみとカシューナッツとアーモンドのキャラメルタルト」648円　2.「ブルーチーズと桃のチーズケーキ」540円

グルメスポット d

極上のカフェタイムを

nog cafe《ノグ カフェ》

富士山麓の別荘地にあるヨーロッパの雰囲気漂うシックなカフェ。温かみを感じるテーブルやカウンターはオーナーの手造りだそうだ。こだわりの材料で作るスイーツのメニューは、季節や気分によって変わるので、何が登場するかはお楽しみ。庭を見渡す窓辺の特等席で日常の喧騒を忘れ、ゆったりとした時間を過ごそう。

a 蕎仙坊

☎055-998-0170　住裾野市須山1737　営11:30～夕時 ※売り切れ次第終了　休月・火曜、他季節により休みあり　¥昼900円～　交東名裾野ICから県道24号経由7分　P20台

b 五竜の滝

☎055-992-5005　住裾野市千福7-1 裾野市中央公園　営8:30～17:00 ※10/1～3/31は～16:00　休年末年始(12/29～1/3)　交「蕎仙坊」から車で15分　P70台

c 十里木高原展望台

☎055-992-5005(裾野市観光協会)　住裾野市須山　交「蕎仙坊」から車で17分　P130台

d nog cafe

☎055-998-2800　住裾野市須山2255-4733　営10:00～16:00　休月・火曜　交「蕎仙坊」から車で13分　P3台

山小屋×十割蕎麦

どあひ ⓐ

富士宮市

蕎麦は1日2回、気温や湿度に気を配りながら打つ

喧騒から離れた山間で景色と味わう石臼挽きの蕎麦

林道を抜けた先にある山小屋風の一軒家。店主・仁藤勲さんが打つ蕎麦を求めて、蕎麦喰いが訪れる、まさに知る人ぞ知る店だ。使用するのは店主自ら出向き選んだ契約農家の玄蕎麦。それを石臼で自家製粉する。店主曰く、「目指しているのは自分がおいしいと思える蕎麦」。そんな思いで打つ蕎麦は、見るからに艶やかで透明感があり、手繰れば蕎麦の香りがストレートに伝わり、蕎麦本来の甘みも感じられる。御殿場の「天野醤油」、「三河みりん」「利尻昆布」で仕込んだかえしと、かつおだしを合わせたつゆはまろやかで実に奥深い。二八と十割、それぞれの味わいを楽しみたい。

1

2

3

1.「もりそば」900円（税込）。漬物付き。十割そばは1050円（税込）
2.窓の外の景色に心癒やされる　3.自家製の「そば豆腐」300円（税込）。箸休めに

「富士宮やきそば３食セット」676円

グルメスポット b

富士宮の特産品なら
ここずらよ

富士山本宮浅間大社駐車場の敷地内にある、富士宮の特産品を取り扱う組合員の協同販売所。その品ぞろえは富士宮やきそばから朝霧牛乳の加工品、湧水で育てられたニジマス、地酒まで幅広い。隣接する食堂でおやつ代わりに富士宮やきそばや田楽、朝霧のソフトクリームを味わうのもいい。

鳥居のすぐ近くにある

グルメスポット c

「モーニングセット」500円（税込）。地元の「江戸屋」のパンとドリンクのセット

湧玉池を望む併設カフェ
富士山ゲストハウス掬水《きくすい》

70年以上の歴史を持つ旅館をリノベーションした、富士山本宮浅間大社そばにあるゲストハウス。併設のカフェは宿泊者以外も利用可能で、富士山の伏流水が湧き出る「湧玉池」が望めると人気を呼んでいる。全国から取り寄せるこだわりの焙煎コーヒーが味わえるカフェタイムの他、夜はアルコールやカレーなどの食事も楽しめる。

モダンシックな店内。窓の外に緑が広がる

a どあひ
☎0544-23-5023　住富士宮市粟倉2735-58　営11：00～15：00　休火～木曜　¥昼1000円～　交新東名新富士ICから県道88号経由20分　P6台

b ここずらよ
☎0544-24-2544　住富士宮市宮町1-1　営9：00～17：00　休不定期 ※臨時休業あり　交「どあひ」から車で22分　P6台

c 掬水
☎0544-26-3456　住富士宮市元城町22-3　営8：00～11：00、17：00～22：00　休火曜、水曜の朝　交「どあひ」から車で18分　P3台

オクシズ × 手打ち蕎麦

手打ち蕎麦 民宿 三右ヱ門

さんえもん

静岡市葵区

なった趣のある和室

予約に合わせてその日の朝に蕎麦を打ち、食事が終わる頃に茹でたてを出してくれる

古民家で情緒豊かに味わう手打ち蕎麦とおふくろの味

水田を広く取れない藁科川上流の大川地区では昔、畑や山の斜面に蕎麦の実をまいて育て、日常的に蕎麦を食す習慣があったという。佐藤勝美さん・眞弓さん夫妻が営む「三右ヱ門」は、その蕎麦が名物。築100年を超える自宅の一部を開放し、手打ち蕎麦と田舎料理でもてなしてくれる。

眞弓さんが作る小鉢料理や天ぷらは、近くの山で採れた山菜や、自家菜園の野菜を使ったおふくろの味。多彩な味を少しずつ楽しめる趣向がうれしい。昔からある田舎蕎麦に勝美さんがひと工夫して打つ二八蕎麦はすっきりした喉越しで、シイタケと焼津産のかつお節を使った少し甘めのつゆがよく合う。蕎麦粉は北海道産を使っているが、大川産が手に入れば使うこともあるそうだ。

1

2

3

1.佐藤勝美さん・眞弓さん夫妻　2.大正2年に建てられた実家を手直しして食堂兼民宿にしている　3.小鉢はタケノコ酢味噌和え、小カブの茎の塩昆布和え、ワラビのおひたし、田舎こんにゃくの煮物など7～8種類。山菜と野菜の天ぷらもボリューム満点

ニンジン、ユズ、ショウガ入りの「五色なんばん」270円（税込）。ピリ辛でご飯や麺、豆腐に合う

グルメスポット b

おふくろの味と朝採れ野菜

玄国茶屋 げんこくぢゃや

湯ノ島温泉浴場の隣にある食堂&直売店。この地域で昔から作られている「五色なんばん」をはじめ、金山寺味噌、わさび漬、朴葉餅、よもぎ大福（10～4月）など、地元の女性たちが手作りする昔ながらの保存食やおやつが好評。食堂では石臼挽きの手打ち蕎麦やおでんを食べられる。地元農家の採れたて野菜は午前中が狙い目だ。

1

2

1.甘さ控えめの「きよさわよもぎ金つば」（1個）130円（税込）　2.「いのししコロッケ」（1個）130円（税込）。食堂メニューには「猪焼肉定食」も

グルメスポット c

「いのししコロッケ」をパクリ!

きよさわ里の駅

清沢産の食材を使って地元の女性たちが手作りした食品が人気。イノシシ肉とシイタケ、ゴボウなどを炒めて自家製味噌で味つけした名物「いのししコロッケ」は、ソースいらずのおいしさ。春一番に摘んだヨモギがたっぷり入った「きよさわよもぎ金つば」や梅干し、サラダや焼き魚に合う「清沢式ぶっかけレモン」も評判がいい。

a 三右ヱ門

☎054-291-2515　住静岡市葵区日向718　営11:30～（要予約）　休予約状況による　¥昼1600円（税込）～、1泊2食6000円（税込）　交新東名静岡SAスマートICから県道207号、国道362号、県道60号経由35分　Pあり

b 玄国茶屋

☎054-291-2821　住静岡市葵区湯ノ島302-1　営9:30～16:00　休木曜（祝日営業、翌日休み）　交「三右ヱ門」から車で8分　P60台（湯ノ島温泉駐車場利用）

c きよさわ里の駅

☎054-295-3783　住静岡市葵区相俣200　営9:00～16:00 ※食堂11:00～14:00　休月曜（祝日営業、翌日休み）　交「三右ヱ門」から車で21分　P30台

山小屋×全粒粉うどん

手打ちうどん二五七《てうちうどんじごな》 a

浜松市北区

角がキリッと立った男前の
「冷や汁うどん」1300円

山小屋のような異空間
喉で味わう手打ちうどん

国道257号線沿いにある「二五七」。それを「じごな」と読ませる。「地粉」の意味が隠されているのだ。自慢のうどんは土・日曜に登場。使用する群馬県産小麦粉の名前は企業秘密というが、素材のうま味を丸ごと含んだ全粒粉で作る黒みを帯びた麺は、コシが強く、独特の香りと喉越しがたまらない。ごまと味噌の風味が生きた「冷や汁」との相性もいい。平日は手打ち蕎麦を提供し、9月中旬からは北海道産、11月末からは長野県産の新蕎麦が味わえる。おすすめは「雉（きじ）汁もり蕎麦」。地元・川名産のキジ肉とキノコが入った具だくさんのつけ汁で食べるスタイルは、その昔殿様が好んだものだという。粗挽き粉で仕立てた十割蕎麦の香りと歯応えを堪能したい。

職人気質の店主と優しいお母さんのファンも多い

全面ガラス張りの開放感あふれる店内

さっぱり食べやすい「雉汁もり蕎麦」1500円

ビュースポット b

東海地方最大級の鍾乳洞

竜ヶ岩洞《りゅうがしどう》

幻想的な世界が広がる「鳳凰の間」

2億5000万年もの年月を経て作られたロマンあふれる神秘の洞窟。落差30mの「黄金の大滝」は地底の滝としては日本最大級で、つらら石、石筍、石柱など多くの鍾乳石が見られる「鳳凰の間」も見逃せない。毎日午前11時と午後2時に行われる「コウモリのふれあいお食事ショー」ではフルーツを食べる愛らしいコウモリの姿も見られる。

ビュースポット c

秘密の園でティータイム

ラ・ローズデバン バラの風

山道を上った先に突如現れるローズガーデン。バラや季節ごとに咲き誇る草花を眺めながら、カフェではシフォンやタルトなどのケーキの他、ピザやリゾット、カレーなども味わえる。マダムが手塩にかけて育てたイングリッシュローズやオールドローズは5月下旬〜6月下旬が見頃。時間を忘れて、優雅な世界を満喫しよう。

1. フランスの片田舎を思わせるエレガントな佇まい
2. バラが描かれた「ケーキセット」1000円

a 手打ちうどん二五七
☎090-7175-7555 住浜松市北区引佐町伊平1134 営11:00〜14:00 休水曜 ¥昼1300円〜 交新東名浜松いなさICから1分 P14台

b 竜ヶ岩洞
☎053-543-0108 住浜松市北区引佐町田畑193 営9:00〜17:00 交「手打ちうどん二五七」から車で10分 P500台

c ラ・ローズデバン バラの風
☎053-528-4455 住浜松市北区引佐町奥山671-1 営11:00〜17:00 休火〜金曜 ※1〜3月、8月 交「手打ちうどん二五七」から車で12分 P20台

春野の森×ふっくら蕎麦

そば切 まるなる ⓐ

浜松市天竜区

スパイシーな「カレーつけそば」950円（税込）。細切り麺でサラリと食べられる

森の風が吹き抜ける中
玄蕎麦の香りを堪能

太い見せ梁が重厚感を漂わせる建物。蕎麦の魅力に引き込まれた元寿司職人の主人が切り盛りする蕎麦屋だ。人生を変えた蕎麦だけにこだわりは強く、使用するのは主に厳選した在来種の玄蕎麦。この玄蕎麦はシンクにこぼれ落ちた実が発芽するほど生命力にあふれている。表面の土などを丁寧取り除いていく「磨き」の作業にも、余念がない。そうして中粗挽きに自家製粉した粉で打つ二八蕎麦はふっくらと香り豊かで、喉越しも軽やか。店のおすすめは基本の「ざるそば」だが、変わりダネの「カレーつけそば」もぜひ味わってほしい。温かいカレー椀からスパイシーな香りが立ち上り、冷たい蕎麦をさっとくぐらせれば、ほど良い辛さが後を引く。

ふんわり卵がやさしい味わいの「卵とじそば」850円（税込）

1.高い天井は開放感があり心地よい
2.春野の森に抱かれた美しい店構え

1.諏訪湖とつながっていると いう逸話も残る「新宮池」
2.7月の末頃に行われる「新宮池夏祭り」

ビュースポット

大蛇伝説が残る
パワースポット

新宮池《しんぐういけ》

標高668m、和泉平地区の山頂付近にある大蛇伝説が残る神秘の池。春はサクラ、秋は紅葉、冬は雪景色が広がり、四季折々の自然が美しい。7月下旬には船屋台や花火でにぎわう「新宮池夏祭り」が開催される。周辺は東海自然歩道として整備されているので、新宮神社をお参りしながら散策するのもおすすめ。

グルメスポット

教会をリノベしたくつろぎ空間

こみちカフェ

約50年前に建てられた三角屋根の教会をリノベーションしたカフェ。心地よい光が差し込む穏やかな雰囲気の中、ゆったりとティータイムが楽しめる。おすすめは本日のスイーツにバニラアイスとカシスシャーベットを添えた「スイーツセット」。好みのドリンクと一緒にレトロな空間美も堪能しよう。ショーケースには個性的なアクセサリーも。

1.「スイーツセット」1000円（税込）。店の雰囲気とマッチした癒やしの味　2.キャンドルやコサージュ、アクセサリーなどの雑貨も販売

そば切 まるなる
☎0539-85-0588　住浜松市天竜区春野町領家1136-1　営11：00～14：00　休木曜　¥昼・夜750円（税込）～　交新東名浜松浜北ICから国道362号経由30分　P13台

新宮池
☎053-983-0001（天竜区観光協会春野支部）　住天竜区春野町和泉平地区　交「そば切 まるなる」から車で14分　P30台

こみちカフェ
☎053-545-3335　住浜松市天竜区山東4326　営11:00～16:00 ※ランチ11:00～14:30　休日・月曜　交「そば切 まるなる」から車で18分　P8台

「採れたて野菜のおいしさを知ってほしい」と話す水野栄子さん

滋味あふれる農家ごはん

田舎体験×山の味

島田市 農家民宿 いつか ⓐ

農家ならではの味
田舎体験付きランチ

緑深い茶畑や山々に囲まれた川根町家山地区。ここに、春は山菜、夏は川遊び、秋は満天の星、冬は炭火の囲炉裏を利用したこたつが楽しめる農家民宿がある。宿泊は1日1組（2～5人）限定だが、日帰りで気軽に田舎体験ができる、農家ご飯のランチも人気を呼んでいる。

築140年という家屋は、土間や縁側、黒光りする柱など、どこか懐かしい、ほっとする佇まい。温かく迎えてくれる水野栄子さんの笑顔も魅力だ。まずは台所でおはぎやいなり寿司などの調理体験。畑にキュウリやナスなど採りごろ野菜があれば収穫体験ができることもある。そして、お待ちかねのランチタイム。食卓には採れたての野菜を使った天ぷらや煮物、イノシシのチャーシューなどが並ぶ。自分で収穫した野菜の味は格別。素朴な山の味に加え、のんびり流れる時間もご馳走だ。

1. 懐かしい生家を残したいと始めた農家民宿　2. 春は、朴葉で餅を包んだ「かしわもち」の調理体験もできる

いなり寿司に季節の副菜が付く「田舎体験付きランチ」926円

川根の温泉塩を付けて味わうランチの一品、野菜の天ぷら

目の前を流れる川で、童心に返って水遊びをするのもいい

縁側から山の風が入る田舎家が新鮮

グルメスポット

杉桶熟成の天然醸造醤油

マルイエ醤油川根本家

マルイエしょうゆかわねほんけ

明治43年創業の老舗醤油店。囲炉裏の切られた風情ある店構えがその歴史の重さを物語る。醤油は店の奥にある蔵で、厳選した大豆や塩などを材料に、代々使われてきた二十石樽の杉桶で1年半かけてゆっくりと熟成させる。まろやかなうま味と香りが特徴で、全国から注文が寄せられる。一番搾りの「手造り醤油」の他、「1kg樽入り味噌」1382円も評判だ。

昔ながらの製法を守る
4代目の村松岳さん

普段使いのペットボトル入りもあります!

1.予約すれば醸造場の見学が可能
2.新感覚スイーツ「味噌羊羹」もおすすめ
3.「手造り醤油 美濃焼4合徳利」1556円と「2合徳利」967円

1

2

1.焼きたてが香り高い「抹茶たいやき」150円（税込） 2.大根、昆布、ガツなど「おでん」（1本）100円（税込）

抹茶たいやきの緑の提灯が目印

グルメスポット c

ほんのり香る「抹茶たいやき」

川根たいやきや

かわねたいやきや

全国有数の茶産地・川根を訪れたら見過ごせないのが、緑色の皮が美しく、お茶の風味が香ばしい「抹茶たいやき」。粒あん7割、こしあん3割で仕上げた北海道小豆の自家製あんの舌触りも絶妙で、客が絶えない人気店だ。創業以来58年間継ぎ足した、味わい深い「おでん」や、「らーめん」「特製やきそば」もおすすめ。

ビュースポット d

悲恋の伝説が残る桜の名所

野守の池

のもりのいけ

周囲約1.2kmの池の周辺にシダレザクラ約60本、カンヒザクラ約200本が植えられ、春は一帯がピンクに染まる桜の名所。ヘラブナ釣りのスポットでもあり、野守公園や散歩道が整備されているので、季節を問わず楽しめる。名僧・夢想国師に恋した京都の遊女・野守太夫が身を投げたという池に残る伝説を思いながら、そぞろ歩いてみては。

野守の池の桜は毎年４月中旬まで楽しめる

a 農家民宿 いつか

☎080-6948-2171 住島田市川根町家山3434 営11:00～15:00 ※ランチは4人～、要予約 休年末年始 ¥昼926円～、1泊2食大人5556円、小学生2778円 交新東名島田金谷ICから国道473号経由約30分 Pあり（近くの小学校跡地を利用）

b マルイエ醤油川根本家

☎0547-53-2212 住島田市川根町家山796 営10:00～18:00 休水曜 交「農家民宿 いつか」から車で約10分 P3台

c 川根たいやきや

☎0547-53-2275 住島田市川根町家山668-3 営10:00～15:30 休木曜、水曜・第3日曜に不定休あり 交「農家民宿 いつか」から車で約10分 P5台

d 野守の池

☎0547-53-2220（島田市観光協会 川根支所 ※月曜休（祝日営業、翌日休み） 住島田市川根町家山 交「農家民宿 いつか」から車で約9分 P10台

水窪×伝統料理

つぶ食いしもと《つぶしょくいしもと》 ⓐ

浜松市天竜区

ここでしか食べられない山菜の天ぷら

田舎の親戚の家に来たような懐かしさが漂う

風味豊かなキビご飯

伝統が息づく、現代版母さんの雑穀料理

香ばしいこんにゃくのクルミ和え

キビ、ヒエ、アワなどの雑穀は日々の食事ではなかなかお目にかかれない食材だが、この店では雑穀が主役。その魅力を伝えたいと15年前に自宅を開放し、農家レストランを始めた。ご飯はキビの量を調整することで食べやすい食感に、サラダにはオシャレな餅アワドレッシングを使用。昔ながらの伝統食に新しさを加えて親しみやすい一品に仕立てている。他にもテーブルには山菜、キノコなどその季節にしか味わえない水窪の自然の恵みが並ぶ。肉や魚は使っていないので、ベジタリアンにも好評で、あらかじめ伝えておけばアレルギーにも対応してくれる。

食感が楽しい餅アワドレッシングのサラダ ※料理は2000円（税込）のコースより

ビュースポット

岩肌を舞う布のような美しさ

布滝 ぬのたき

県道389号を山住神社方面へ進むと、切り立った山中に突如、滝が現れる。落差およそ40m。巨岩の上から薄布が舞うように、岩肌を水がひらひらと流れ落ちる姿は女性的で気品がある。山々が紅葉色に染まる秋はその美しさに拍車がかかる。

清涼な空気も心地いい秋の布滝

グルメスポット

栃の実やクルミの優しいスイーツ

栃もち本舗 小松屋製菓 こまつやせいか

1.店の一番人気「生クリーム入り栃大福」（1個）157円　2.軽い食感と香ばしさが楽しい「天音（あまね）」（1個）167円　3.ふわっと柔らかい「峠の杖」4種類（1本）185円

水窪産栃の実と北海道・十勝産小豆で作る伝統の味「栃餅」。そこに純生クリームを加えて大福にした「生クリーム入り栃大福」はフワフワ、トロ〜リした食感がたまらない。クルミやキビを使った焼き菓子も好評だ。自慢の地元食材に、全国から厳選した米、茶、寒天、フランスの塩などを合わせて作る菓子には職人の技と愛情が詰まっている。

a つぶ食いしもと
☎053-987-0411　住浜松市天竜区水窪町地頭方389　営11：30〜14：00　休完全予約制　¥昼2000円（税込）※2人〜　交新東名浜松浜北ICから国道152号経由64分　P10台

b 布滝
☎053-925-5845（天竜区観光協会）
住浜松市天竜区水窪町山住
交「つぶ食いしもと」から車で5分　Pなし

c 小松屋製菓
☎053-987-0203　住浜松市天竜区水窪町奥領家3263-4　営9：00〜18：00 ※日曜〜17：00　休木曜 ※臨時休業あり
交「つぶ食いしもと」から車で5分　P1台

海を眺めながら自分で焼いて食べる海鮮は格別

地元の幸を豪快に！BBQ

漁協直売所×イセエビ

伊豆漁協南伊豆支所直売所《いずぎょきょうみなみいずししょちょくばいじょ》 ⓐ

南伊豆町

BBQは5/1～9/30の期間限定営業 ※雨天や強風の日は利用不可

海を眺めながら豪快に 贅沢海の幸三昧

1.イセエビ、サザエなど盛りだくさんの「Cセット」12000円　2.直売所内のいけすには新鮮なイセエビやサザエがスタンバイしている

イセエビの産地として全国有数の漁獲量を誇る南伊豆町。この直売所でもイセエビは人気商品だが、他にも漁師や海女が獲ったアワビ、サザエ、磯魚、海草、干物など多彩な海の幸が並ぶ。そして注目したいのが、屋上にあるBBQコーナー。海を眺めながら直売所で購入した新鮮な魚介を炭焼きで楽しめるとっておきの席がある。BBQセットは３種類（4000円～、コンロ代込み）。黒潮で育った身の締まったイセエビや地キンメの干物などを贅沢に、豪快に堪能しよう。

ビュースポット b

伊豆半島最南端の大海原を望む

石廊崎オーシャンパーク

石廊崎に2019年4月1日にオープンした自然公園。海に突き出た、伊豆半島のまさに最南端に立って眺める大海原はスケールが違う。その手前にある断崖に埋め込まれたような「石室神社」のお参りもお忘れなく。休憩施設には売店や飲食スペースがあり、伊豆の成り立ちを学べる「ジオパークビジターセンター」も併設している。

ここからは日の出も日の入りも見られる

1.透明度の高い海底が一面に広がるヒリゾ海岸　2.石廊埼灯台下も通過する

ビュースポット c

紺碧の海を体感する岬めぐり

「石廊崎岬めぐり《いろうざきみさきめぐり》」遊覧船《ゆうらんせん》

「石廊崎」のダイナミックな景観を海上から楽しめる岬めぐりの遊覧船。切り立った断崖、白亜の灯台「石廊埼灯台」、奥石廊崎、海底が見える「ヒリゾ海岸」、伝説の奇石「みのかけ岩」など見どころ満載だ。マリンバード号か五百石船で9時半～毎日12便運航。

a 伊豆漁協南伊豆支所直売所

☎0558-62-2804　住賀茂郡南伊豆町手石877-18　営BBQ10：00～15：00、販売8：30～16：30　休なし　¥昼4300円～　交東名沼津ICから伊豆縦貫道経由車で2時間40分　Pあり

b 石廊崎オーシャンパーク

☎0558-65-0016　住賀茂郡南伊豆町石廊崎546-5　営8：30～16：30（4/1～9/30）、9：00～15：30（10/1～3/31）　休なし　交「伊豆漁協南伊豆支所直売所」から車で11分　P100台

c 「石廊崎岬めぐり」遊覧船

☎0558-22-1151　住賀茂郡南伊豆町石廊埼55　休なし（天候による）　¥乗船料大人1400円、小人700円 ※各税込　交「伊豆漁協南伊豆支所直売所」から車で8分　Pあり（有料）

里山×静岡そだち

もうもうBBQ a

もうもうバーベキュー

藤枝市

炭火で焼くから、おいしさ倍増。シークワーサー入りのさっぱりダレも大人気

海・山・里の恵みをいただきます

地元の幸を豪快に！BBQ

手ぶらでOK！ 自然の中で豪快炭焼きBBQ

藤枝市潮山の麓、静かな里山にあるバーベキュー施設。道具も食材も準備する必要なし！ 事前予約を入れるだけで、自然の中の肉三昧BBQが楽しめる。開放感あふれる野外ゾーンは屋根付きだから雨でも安心。古民家風の室内ゾーンもあり、合わせて50以上のBBQテーブル席を完備。ファミリーで出かけるのもいい。メニューは和牛「静岡そだち」入りのBBQセットが3000円（1人前）～。濃厚な味わいの豚ハラミ（横隔膜）や臭みのまったくない牛のハツなど、バラエティーに富んだ味を堪能しよう。冬は暖かい室内で食べる「すきしゃぶ」（1人前）2000円～も好評。

緑繁る野外ゾーン ※最大4時間滞在可。材料、道具持ち込みの場所貸しもできる

室内ゾーン

和牛カルビ、牛ハツ、野菜、豚肉、ソーセージ、豚ホルモン、稀少部位（ある時のみ）などがセットになったBBQコース3000円 ※写真は3人前

グルメスポット b

昭和初期の蔵でコーヒーを

茶房 華蔵《かぐら》

蓮華寺池公園近くのメイン通りから少し入った路地にあるカフェ。昭和9年に建てられた石蔵をリノベーションした店内は、梁や床が当時のまま残りシックで落ち着いた雰囲気が漂う。自家焙煎にこだわるコーヒー420円（税込）～は、単一豆とブレンド合わせて17種類。スイーツの他、特製オムライスやビーフシチューなどのランチセットも好評。

1.2階にはギャラリーもある
2.「ベイクドチーズケーキ」。ドリンクに+300円（税込）

藤枝・朝比奈地区は「玉露」の日本三大産地のひとつ。玉露をお土産にしてもいい

茶室「瓢月亭」

グルメスポット c

風流に、茶室で一服

玉露の里《ぎょくろのさと》

池のある庭園を望む本格的な茶室「瓢月亭」で一服。お茶（玉露か抹茶、菓子付き）472円をゆっくり楽しむことができる。シイタケなどの農作物や茶など、藤枝ならではの土産がそろう物産館も併設しているので、ぜひのぞいてみて。食事や甘味が味わえるレストランもある。

a もうもうBBQ

☎080-5114-4129 住藤枝市潮663
営11：00～21：00 ※前日までの要予約、2人～ 休不定休 ¥昼・夜3000円～
交国道1号線バイパス藪田東ICから県道209号経由5分 P10台

b 華蔵

☎054-641-0386 住藤枝市藤枝5-6-48
営10：00～18：00 休日・月曜
交「もうもうBBQ」から車で15分 P10台

c 玉露の里

☎054-668-0019 住藤枝市岡部町新舟1214-3 営茶室9：30～17：00（最終入館16：30）、物産館9：00～17：00（冬季時間変更あり）、食事処11：00～15：00（14：30LO） 休年末年始（12/28～1/2） 交「もうもうBBQ」から車で15分
P90台

おいしい＆楽しい

お泊《とま》りグルメ

点在する五百羅漢。
体験の前後には境
内の散策を楽しんで

由緒正しい寺院で日本文化をゆっくり体験
坐禅や写経、季節の精進料理も楽しみ

方広寺《ほうこうじ》

浜松市北区

大正12年に建立
された「三重の塔」

60haもの
敷地を誇る
方広寺境内

1

GOURMET

2

3

1. この日の精進料理は茶そば、生麩の田楽、炊き物、野菜の天ぷら、ごま豆腐、ウナギ風白焼きとかば焼き、ゆかりご飯、味噌汁、香の物（料理がよく見えるよう本来の向きとは異なる） **2.** 宿泊体験でも希望があれば「精進うな重」への変更も可 **3.** 宿坊は本堂の左手にあり、客室、食事処、風呂もこの一棟にそろう。布団の上げ下げは自ら行う

広大な境内に点在する、ほがらかな表情の五百羅漢に思わずにっこり。建徳2（1371）年、後醍醐天皇の皇子である無文元選禅師が開創。開山様の危機を救った半僧坊大権現も祀り、厄除けや諸願成就などにご利益があるとされる。

歴史好きにはたまらない見どころあふれた由緒あるこの寺院で体験できるのが「一泊禅寺体験」だ。15時集合の当日は、境内拝観や写経、坐禅を体験。18時からは待望の精進御膳で、6品の料理は季節で変化する。中でも豆腐とレンコン、山芋で仕上げたウナギ風のかば焼き・白焼きの一皿がなんともユニーク。この料理をメインにした「精進うな重」や「精進料理」は日帰りでも味わえる。翌朝は祈祷を受け、朝食後の9時に解散。軽くなった心で、世俗に戻ろう。

4

4.坐禅、写経、写仏は日帰り体験も可能（各1000円） **5.**6時から行われる朝のお勤めは半僧坊真殿で。宿泊者一人一人を祈祷してもらえる

国の重要文化財「釈迦三尊像」（撮影禁止）

5

方広寺

☎053-543-0003 住浜松市北区引佐町奥山1577-1 営1泊禅寺体験は15:00～翌9:00 ※毎月第2土曜（要予約） ¥1泊2食9800円（税込）※2人～。日帰り体験（曜日指定なし、要予約）5000円（税込） 交新東名浜松いなさICから県道68号経由10分 P30台

自然を満喫! 癒やしカフェ

大海原×ローズヒップ&オレンジ

熱海市

COEDA HOUSE

コエダハウス

絶景を楽しむ自然のシアター

天気のいい日には、ぜひ海を望む階段状のデッキへ。まるで景色を楽しむシアターのように、どこからでも絶景を堪能できる。もちろん、ここに座って飲食もOK！

デッキ席も人気。期間限定(冬季以外)の「ローズヒップ&オレンジ」550円(税込)、ミカンのはちみつを使った「コエダクーヘン」320円(税込)

園内一の特等席で堪能する絶景パノラマ

20万坪の広大な敷地を誇る「アカオハーブ&ローズガーデン」。その頂上、海抜150mに立つのが、2017年のオープン以来人気を呼んでいる「COEDA HOUSE」だ。日本を代表する建築家の隈研吾氏がデザイン設計したもので、アラスカヒノキの角材を1800本積み上げた柱で建物の構造を支える、全面ガラス張りのユニークな平屋建て。最大の魅力は美しい水平線が続く相模湾、初島、伊豆大島も一望できる絶景だ。

メニューには地元・熱海産のフルーツやローズを使ったスイーツやドリンクが多く、黄色とピンクのコントラストがきれいな「ローズヒップ&オレンジ」など写真映えも好評。まさに、自然と一体になれる熱海の特等席だ。

1

2

1. 木がふんだんに使われている店内 2. 熱海の特産・ダイダイを練り込んだ「熱海タルトフロマージュ・橙」300円(税込) 3. フワッとバラが香る「バラのサイダー」550円(税込) 4. 絶好の撮影ポイントで海をバックにパシャリ!

3

4

赤と黄色のコントラストが美しい
「ウエディングガーデン」

ビュースポット b

四季を通して楽しむ花の楽園
アカオハーブ&ローズガーデン

山の斜面を利用し、海を借景とした自然の中に12の個性あふれるガーデンが点在する花園。バラの見頃は5月だが、4月はチューリップ、6月はアジサイ、秋は秋バラなど四季折々の花が楽しめる。入り口からまずはシャトルバスで「COEDA HOUSE」へ。ゆっくりと歩いて下山しながら庭を散策するのがおすすめ。

「ヒラタケの天せいろそば」1450円(秋冬限定)

グルメスポット c

粋に二八蕎麦を手繰る
手打蕎麦 多賀《たが》

香りとコシの強さが際立つ二八蕎麦。風味を損なわないよう低温管理し、その日に使う分量のみ石臼挽きで自家製粉する。毎朝手打ちする歯応えのある麺を噛みしめれば、奥深い味わいを実感できる。お供にはぜひ、桜エビのかきあげや江戸前穴子など、素材を生かしてサクッと揚げた天ぷらを。厚焼き玉子もおすすめだ。

ビュースポット d

圧巻! 樹齢2100年超えの御神木
來宮神社《きのみやじんじゃ》

営業繁盛、身体強健の神、大己貴命(おおなもちのみこと)、樹木と自然保護の神、五十猛命(いたけるのみこと)、武勇と決断の神、日本武尊(やまとたけるのみこと)を祀る。樹齢2100年超え、太さ約24mを誇る御神木の「大楠」はその枝ぶりも見事で、「この大木を一周すると寿命が一年延びる」と言われている。

願いを込めて一回りすると願いが叶うとも言われている御神木

a b COEDA HOUSE/アカオハーブ&ローズガーデン

☎0557-82-1221　住熱海市上多賀1027-8　営9:30～17:00最終入園 ※COEDA HOUSEは～16:00LO　休1・12月の火曜 ※臨時休あり　¥COEDA HOUSE450円(税込)～、アカオハーブ&ローズガーデン入園料 大人1000円(税込)、小人500円(税込) ※5/15～6/10は大人1300円(税込)、小人600円(税込)　交伊豆縦貫道大場・函南ICから熱函道路経由30分　P100台

c 手打蕎麦 多賀

☎0557-68-1012　住熱海市上多賀798　営11:00～16:00(15:50LO)　休木曜(祝日営業、翌日休み)　交「COEDA HOUSE」から車で4分　P20台

d 來宮神社

☎0557-82-2241　住熱海市西山町43-1　交「COEDA HOUSE」から車で10分　Pあり

ハンモック×スペシャリティコーヒー

アウトドアハンモックカフェ MadoroMi

まどろみ

伊豆市

自家焙煎の「スペシャリティコーヒー」450円（税込）と、地元産の新鮮玉子「鶏愛卵土」を使った「フレンチトースト」750円（税込・1日5食限定）

ハンモックでまどろむ天城のオアシス

湯ヶ島温泉の散策スポット「湯道」を流れる本谷川を眼下に、初夏の新緑、秋の紅葉も楽しめる、まさに自然に包まれた隠れ家的なカフェ。ハンモックでまどろむもよし、渓流を望むテラスでお茶をするもよし。そこにはのんびりとした贅沢な時間が流れる。フレンチプレスで淹れるコーヒーは香り高く、ホットやアイスの他、豆ごとにドリップ、水出しなど抽出方法にもこだわる。地元農園の茶葉から作るまろやかな味わいの「天城和紅茶」350円（税込）もおすすめだ。天城軍鶏や天城黒豚、猪、鹿肉など土地の味と出合えるBBQ（5000円、有料で食材の持ち込みOK）もできる。また6月の蛍まつりの時期はカフェバーとして夜間も営業。

1. ハンモックに揺られてのんびりとうたた寝。BGMは小川のせせらぎと葉擦れの音
2. 風情ある紅葉の季節にも訪れたい

本谷川の渓流を眺めながらのんびりと

「ごま汁蕎麦」1350円と「せいろ蕎麦」1050円（蕎麦は同じ）

グルメスポット b

喉越しの良い極細打ち

朴念仁 ぼくねんじん

修善寺の「竹林の小径」近くにある蕎麦店。丸抜きを石臼で挽いた自家製粉で打つ十割蕎麦が評判で、つなぎ不使用にも関わらず、極細で瑞々しく、するりと喉を通る。だしに使用するのは、備長炭直火焼本節。「せいろ」はシンプルにこのだしのみを使う。「ごま汁蕎麦」も人気だ。

ここでしか買えない、伊豆工場限定「天城わさびラスク」540円（税込）

グルメスポット c

ラスク作りや工場見学もOK

東京ラスク伊豆ファクトリー

とうきょうラスクいずファクトリー

サクサクと軽い口当たりが特徴的な定番「シュガーラスク」の他、「いちごラスク」や「天城わさびラスク」など伊豆工場限定品にも注目。ドリンクサービスや試食コーナーがあるのもうれしい。ガラス越しに、生地作りから焼成までのラスク製造工程も見学できる。ラスク作り体験教室は、毎日午前10時から開催。

a MadoroMi

☎0558-85-0511（旅館湯ヶ島たつた） 住伊豆市湯ヶ島347 旅館湯ヶ島たつた内 営10：00〜17：00 休不定休（雨天休業） ¥昼1000円〜 交伊豆縦貫道月ヶ瀬ICから国道414号経由8分 P30台

b 朴念仁

☎0558-73-0073 住伊豆市修善寺3451-40 営11：00〜15：00LO ※蕎麦が無くなり次第終了 休水曜（祝日営業、翌日休み） 交「MadoroMi」から車で21分 P4台

c 東京ラスク伊豆ファクトリー

☎0558-85-0232 住伊豆市市山550 営10：00〜18：00 ※土・日曜、祝日9：00〜 休なし 交「MadoroMi」から車で4分 P30台

ナチュラルガーデン×有機野菜

Vivra Vivre

ビブラビブレ

函南町

「スライスフルーツトマトのマルゲリータピッツァ」1650円。前菜、デザート、ドリンク付き

景色と料理で自然を体感する山の上のカフェレストラン

雄大な富士山と駿河湾、さらに6000坪の「ナチュラルガーデン」が見渡せる絶景カフェレストラン。自然を生かし、必要以上に手を加えないのがナチュラルガーデンの考え方。すくすくと育つ花や木々を見ているだけですがすがしい気持ちになる。食材は地元函南で育てられた、肥料や農薬を使わない自然農法の有機野菜を中心にフルーツやガーデンで採れるハーブも。水は地下170mから汲み上げる南箱根の地下水を使用する。大地の恵みたっぷりの料理と、気持ちのいい景色と緑の風を体感して、パワーチャージしよう。ペットと過ごせるテラス席もある。

「季節の彩り野菜を使ったペペロンチーノ」1700円。前菜、デザート、ドリンク付き

席に置いてある双眼鏡でバードウォッチングが楽しめる

新鮮野菜も販売している

グルメスポット b

伊豆観光の入り口にある道の駅

伊豆ゲートウェイ函南

いずゲートウェイかんなみ

天候が良ければ展望台から富士山を一望できる

伊豆観光の入り口の意味を込め、「門（ゲートウェイ）」を施設名とした道の駅。施設内には、南箱根ポモドーロなど地元食材を堪能できるレストラン、野菜や乳製品、スイーツなどの土産物がそろう「いずもん」、観光案内所などがある。中央にある広場では、大道芸やライブなどのイベントも不定期で開催され好評。

絶賛販売中の「すいかバウムクーヘン」1404円（税込）

グルメスポット c

函南のご当地グルメならココ

レストランKiya キヤ

「丹那カニクリームコロッケ定食」1230円（税込）。味噌汁、ご飯、小鉢付き

シェフの技とアイデアが光る函南のご当地グルメを味わえる。注目は丹那牛乳で作る40年以上親しまれてきた「カニクリームコロッケ」とミルクジャムをトッピングする「函南クラシックプリン」。青菜と麺を炒め温泉卵をのせた「おざく」と牛乳で作る濃厚なスープが合体したつけめん「おざくなーら（函南カルボナーラ）」もおすすめ。

「函南クラシックプリン」400円（税込）

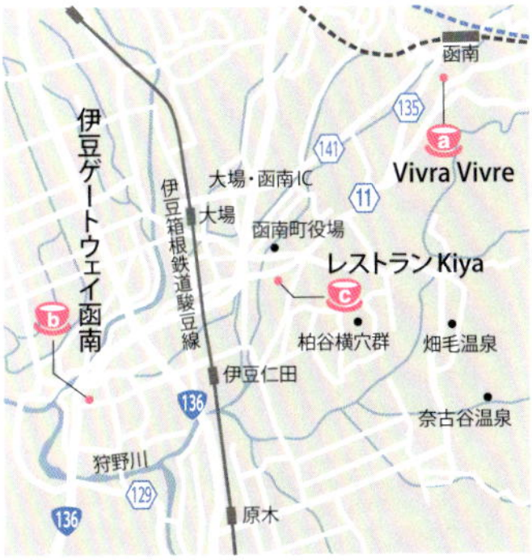

a Vivra Vivre

☎055-979-5656　住田方郡函南町平井12-1　営11：00～16：00（14：30LO）　休月・火曜（祝日営業、翌日休み）　¥昼1550円～　交伊豆縦貫道大場・函南ICから熱函道路経由7分　P20台

b 伊豆ゲートウェイ函南

☎055-979-1112　住田方郡函南町塚本887-1　営いずもん9：00～18：00 ※レストランは店舗により異なる　休なし　交「Vivra Vivre」から車で15分　P150台

c レストランKiya

☎055-978-0801　住田方郡函南町大土肥211-6　営11：00～15：00LO、17：00～21：30（21：00LO）　休なし　交「Vivra Vivre」から車で7分　P20台

古民家×長熊オージャス

満緑-みりょく-カフェ&ショップ

静岡市葵区

旬替わりの「長熊オージャス」1600円（税込）。オージャスとは地の物、旬の物、土や太陽の恵みをたっぷり受けた「元気の素」となる食事のことだそう。なるべく予約を

鳥のさえずりとせせらぎに包まれて地元食材のランチプレートを

安倍川の支流、中河内川を上った緑深い静かな長熊集落。その一番奥に築100年の古民家がある。土・日曜限定で営業するカフェだ。「豊かな自然や人の温かさ、長熊の魅力をたくさんの人に知ってもらいたい」と、地元出身の河合舞さんが2016年5月にオープンした。

川のせせらぎと鳥の声に包まれながら、地元産の食材をたっぷり使ったプレートランチ「長熊オージャス」を食べていると、体とココロに元気の素が蓄えられていくのがわかる。自家製スイーツやドリンクもあり、アーユルヴェーダのボディートリートメント（要予約）を受けることもできる。

ランチに付いてくる「自家製シソシャーベット」(内容は季節によって異なる)。「自家製杏仁豆腐」単品450円（税込)、ドリンクとセットでランチにつけると+500円（税込）

グルメスポット b

おいしい地場産品直売所

かあさんの店 真富士の里

小豆あんにヨモギが香るきんつばや、本物のワサビを使った「わさびソフト」325円(1～2月は休み)、こんにゃく、朝採れ野菜…。お母さんたちの手作りの味がそろう直売所。酒のアテになる「さびこんぶ」も人気だ。甘辛く煮たシイタケが滋味深い「平野そば」もおすすめ。

1.「平野そば」ワサビ付き600円 ※残ったワサビは持ち帰りOK　2.「よもぎまんじゅう」「よもぎきんつば」「スイートポテト」各305円他

「マルゲリータピザ」810円（税込）※テイクアウトOK、容器代50円（税込）

グルメスポット c

出来たてチーズをお土産に

うしづまチーズ工場 チェスターハウス

左から「凜～生カマンベール」12円(税込)/1g、「リコッタチーズ」420円(税込)/50g、「静岡ブルーチーズ」14円(税込)/1g、「モッツァレラチーズ」8円(税込)/1g。皿はイートインの「チーズ3種盛り」1250円(税込)

酪農家直送のしぼりたて生乳で作るナチュラルチーズの工場。低温殺菌・無添加のナチュラルチーズは、市販のものとは全く違う贅沢な味わい。「静岡ブルーチーズ」や「モッツァレラ」などお土産にもぴったりだ。カフェも併設していて、チーズやホエイを使ったスイーツや食事メニューなどが豊富にそろう。

a 満緑 -みりょく- カフェ&ショップ
☎080-1581-4853　住静岡市葵区長熊1508　営土・日曜の11：00～16：00　休月～金曜　¥昼1600円（税込）～　交新東名新静岡ICから県道27号経由25分　P10台

b 真富士の里
☎054-293-2255　住静岡市葵区平野1097-38　営8:30～17:00 ※12～3月は16:30まで　休5月茶摘み期間、9月第4日曜、年末年始　交「満緑-みりょく-カフェ&ショップ」から車で20分　P50台以上

c チェスターハウス
☎054-294-9300　住静岡市葵区牛妻538-1　営販売10：00～18：00、カフェ11：00～18：00（17：00LO）　休火曜　交「満緑-みりょく-カフェ&ショップ」から車で22分　P10台

まる小（平垣定夫さん宅）
ドラム缶で作ったピザ窯で、熱々のピザを焼いてくれる平垣さん夫妻。今日のピザの具はタマネギとジャガイモなど。できる限り家の畑で採れた野菜を使う

農家の縁側×自園自製の茶

大沢縁側カフェ《おおさわえんがわカフェ》 a

静岡市葵区

おお六（白鳥松男さん宅）
元気いっぱい、満面の笑顔で迎えてくれる白鳥たにさんは今年でなんと91歳。ジャガイモ餅、キュウリの酢の物、ふっくらと炊いた大豆の五目煮はまさに、おばあちゃんの味だ

やまー（内野昌樹さん宅）
築200年以上の家の縁側でもてなしてくれるのは縁側カフェの発起人、内野昌樹さん。この日のお茶請けは、抹茶の蒸しパン、しょうがの佃煮、紫タマネギの甘酢漬け

お茶とお茶請けのおもてなし 農家の縁側で縁をつなぐ

静岡市街から車で約1時間走った先に、全23戸、70人ほどが暮らす小さな集落「大沢」はある。標高340m、朝晩の寒暖差が大きく、深い霧が降りるこの地は茶栽培に適し、ほとんどの家でお茶を作り、自らの工場で茶葉を生産している。そんな大沢のお茶をたくさんの人に知ってほしいと、2013年から始まったのが「大沢縁側カフェ」だ。それぞれの家で縁側に客を招き、自園のお茶と手作りのお茶請けでもてなすスタイルは、まるで「おばあちゃんち」に遊びに来たような温かさ。月に2日だけの開催ながら今では、年間7000人が全国から訪れる。車を停めたら、景色を楽しみつつ、カフェマップを手に縁側めぐり。毎月第2・4の日曜を楽しみにしているリピーターも多い。

こののぼりが開催の印

山間の小さな大沢集落

グルメスポット b

井戸水で締めた「もり蕎麦」800円

もり蕎麦一本で勝負する

笊蕎麦 つど野《つどの》

オクシズの山を背景に、静かに佇むロッジ風の蕎麦屋。店主の岩崎さんの「蕎麦本来の味を楽しんでほしい」という思いから、メニューは「もり蕎麦」一種類のみ。精魂込めて打った蕎麦は、みずみずしくコシがあり、干しシイタケ風味のつゆとの相性も抜群。唯一の別メニュー「焼味噌」は冷酒を頼むと無料で付いてくる。

右から「あんこ」「切り干し」各100円(税込)、「ウインナー」130円(税込)

グルメスポット c

かあちゃんの手作りの味

玉川農産物加工所 玉ゆら《たまゆら》

「玉川の山の恵みを味わって」と話す地元のお母さんたちが切り盛りする農産物販売所。採れたて野菜や、手作りの惣菜、梅干しや季節の果実のジャムなどの加工品が並ぶ。人気の「玉ゆらまん」は、玉川産の里芋を練りこんだモチモチの生地の中にあんこや切り干し大根、ウインナーが入ったまんじゅう。

a 大沢縁側カフェ
☎054-292-2656(内野昌樹さん宅)
住静岡市葵区大沢　営毎月第2・第4日曜の10:00～15:00 ※11～3月は14:00頃まで ※開催戸数はその時々で異なる
¥お休み料1人300円(一軒につき・税込)
交新東名新静岡ICから県道27号経由40分
P集落の入り口他数カ所に計20台ほど

b つど野
☎054-294-1005　住静岡市葵区津渡野514-2　営11:00～15:00 ※無くなり次第終了　休月・火曜(祝日営業)　交「大沢縁側カフェ」から車で35分　P6台

c 玉ゆら
☎054-292-2522　住静岡市葵区落合742
営10:00～15:00　休月～金曜(土・日曜のみ営業)　交「大沢縁側カフェ」から車で25分　Pあり

寺×ご利益ランチ

法多山尊永寺
ごりやくカフェ 一乗庵《いちじょうあん》

袋井市

週替わりの「ごりやくカフェランチ」1389円。ランチタイムは2部制で、全部で20食限定

非公開の由緒ある客殿で一期一会のランチタイム

厄除けで知られる法多山尊永寺。普段は非公開の客殿「一乗庵」が土・日・月曜の昼限定で「ごりやくカフェ 一乗庵」として開放される。

看板メニューは、体にやさしい料理を味わって、心もほっこり満たされる「ごりやくカフェランチ」。シェフの北川克美さんが地元産の食材で、添加物を極力使わずに調理する独創性に富んだ料理が好評で、毎月予約する人も。追加注文できる住職監修の「JUNO-BLENDコーヒー」324円もぜひ。目の前の池泉庭園に広がる新緑や紅葉など季節の移ろいを眺めながら、一期一会の味を楽しむ。贅沢な時間を堪能しよう。

1.書院造の建物には高野山ご霊木の杉や松が使われている　2.バターで作ったビスコッティやいちごソースなどデザートも手作り　3.食事をしながら、池泉庭園が眺められる

1.モモ、パイン、ミカンが入った「フルーツデニッシュ」110円（税込）　2.軽い食感の「シュークリームパン」110円（税込）～

グルメスポット b

お土産は、本格焼きたてパン

ベーカリーカフェ Be-1カフェ

ビーワンカフェ

約20種類の焼きたてパンがそろうベーカリーカフェ。厳選豆を自家焙煎する香り高いコーヒーも人気があり、心地いい時間が過ごせる。売り切れ必須のパンはどれも味わい深く、一番人気は3種類のホイップクリーム「プレホイップ」「レモン&プレホイップ」「小倉&プレホイップ」が入った「シュークリームパン」。注文後に作ってくれるサンドイッチもおすすめ。

1.「本日のシフォンケーキSet」（ドリンク付き）800円　2.ホールのシフォンケーキのテイクアウトは、前日までの要予約

グルメスポット c

ふわふわシフォンケーキに注目！

SPOON CAFE

スプーンカフェ

目や肌に良いとされる成分ルテインを含む「ルテイン卵」で作る「シフォンケーキ」が大評判。一番人気の「プレミアムバニラ」をはじめ「抹茶」「キャラメルエスプレッソ」など7種類があり、店に並ぶのは毎日3種類。まずは2種類の日替わりシフォンが楽しめる「本日のシフォンケーキSet」をご賞味あれ。「フレンチトースト」も人気。

a ごりやくカフェ 一乗庵

☎090-6362-3008 ※受付時間8:30～16:30　住袋井市豊沢2777 法多山尊永寺内　営11:30～、13:00～の2部制 ※要予約　休火・水・木・金曜　¥昼1389円～　交東名掛川ICから県道403号経由約15分　P2000台（周辺有料駐車場利用）

b Be-1カフェ

☎0538-44-7722　住袋井市愛野南2-13-3　営9:00～19:00 ※パンが売り切れ次第終了　休水曜　交「一乗庵」から車で約11分　P15台

c SPOON CAFE

☎0538-43-6909　住袋井市愛野東2-7-2　営11:00～18:00（17:30LO）　休水・木曜　交「一乗庵」から車で約13分　P4台

美しい常緑の林が心を癒やしてくれる。春や秋はテラス席もおすすめ

天竜美林×石窯カフェ

Coffee ゆとり侶《ゆとりろ》

浜松市天竜区

「たまごとハムのサンドイッチ」570円。辛子ソースが味のアクセントに

木々の緑に心洗われる山間の石窯カフェ

天に向かって真っすぐにそびえ立つスギやヒノキの大木。その手前にはせせらぎが心地よい川。天竜の山奥ならでの自然豊かなロケーションと、そこに流れる静かな時間に魅了された店主が、週末だけカフェを開く。古民家を改装した店はぬくもりあふれるシックな造りで、一歩入ると、薪の燃える香りが鼻をくすぐる。その正体は石窯だ。天然酵母でゆっくり発酵させる山型食パンが焼かれ、トーストやサンドイッチとして提供される。もうひとつの看板メニュー、もっちりとした食感のピザもこの石窯で焼く。おなかを満たしたら、キレのあるグァテマラ産コーヒーを片手に読書を楽しむのもいい。ページから目を離し、ふと見上げた窓に映る緑が美しい。

暖炉やレトロな家具に心が癒やされる

モッツァレラチーズがとろける「石窯ピザ」780円

秋には360度、見渡すかぎりの紅葉が楽しめる

ビュースポット b

森のすべり台が大人気

鳥羽山公園《とばやまこうえん》

徳川家康公ゆかりの城址公園で、天竜川や遠州平野を一望できる。春はサクラ、秋は紅葉とフォトジェニックなスポットとしても好評。芝生広場では散歩を楽しむシニアや、ピクニックをする家族の姿も。ちびっこはもちろん、大人も楽しめる巨大なローラーすべり台もおすすめだ。円を描くように森の中を抜けて行く、その途中の絶景を楽しんで。

野菜を煮込んだ「花桃カレー」680円

名物「小麦まんじゅう」(1個)135円

グルメスポット c

おやつに手作りまんじゅうを

道の駅 天竜相津花桃の里《てんりゅうそうづはなもものさと》

船明ダム湖に架かる「夢の架け橋」を背負うように立つ道の駅。売店には地場産品のお茶、シイタケ、ヤマメやアユの甘露煮などが並ぶ。おやつにぴったりの手作りまんじゅうも好評で、「小麦まんじゅう」や「特製みそまんじゅう」の他、花桃が美しい3月には外皮に山芋が練り込まれピンクに色づいた「花桃まんじゅう」も登場する。

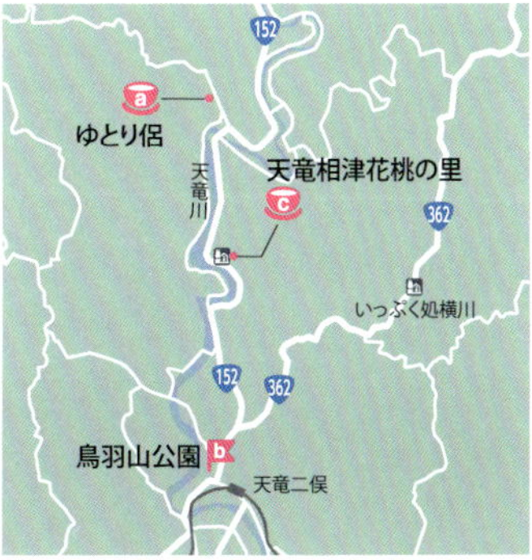

a ゆとり倶

☎053-923-1767 住浜松市天竜区横山町1158-20 営10：30～18：00 休月～金曜(祝日営業) ¥昼1200円 交新東名浜松浜北ICから国道152号経由28分 P5台

b 鳥羽山公園

☎053-925-5845(天竜区観光協会) 住浜松市天竜区二俣町二俣2364 交「ゆとり倶」から車で23分 P180台

c 道の駅 天竜相津花桃の里

☎053-923-2339 住浜松市天竜区大川31-10 営ショップ9：00～16：30、食堂10：30～14：30 ※土・日曜、祝日～15：00 休火曜(祝日営業) ※3・8・11月の繁忙時は臨時営業あり 交「ゆとり倶」から車で8分 P48台

竹林×フードマイレージ

緑の谷のごちそうテラス CoCoChi ⓐ

ココチ

浜松市西区

緑起の良い「金の卵」のオブジェや、弁財天の祠、トカラヤギのいる小屋など、レストラン周辺の散策も楽しい

前菜ブッフェには西区大久保町の生産農家から届く朝採れ野菜がたっぷり。ブッフェの内容が日や時間帯で替わるのもうれしい

竹林を眺めながらゆったり カフェ・ランチ・ディナー

半径10㎞以内の食材を調達する「フードマイレージ」をコンセプトに、地域資源を生かしたメニューをそろえる。竹林と共存する立地から整腸効果などで知られる竹パウダーの開発にも力を注ぎ、同店で提供するパスタや提携パン店の生地に練り込むなど有効利用している。オムライスやパスタ、ピザ、地元産峯野牛が味わえるランチ・ディナーはすべて、野菜たっぷりの前菜ブッフェとドリンクバー付き。カフェタイム限定の「ハニートースト」も名物で、地元のパン店「一本堂 浜松入野店」の食パンにハチミツをトロ〜リ! 軽くトーストしたパンの温かさと、アイスの冷たさが絶妙だ。テラスでの石窯ピザやBBQ、パエリア作りの体験の他、流しそうめんやハロウィンパーティーなどのイベントに参加するのもおすすめ。

1. ナチュラル感のある店内。テラス席も心地いい
2. 夜は竹林をライトアップ。幻想的な雰囲気が漂う
3. 「峯野牛のRoast Beefプレート」2400円
4. 「岡崎おうはん」の卵を使った「ドレス・ド・オムライス」ランチ1600円、ディナー1800円
※消費税増税に伴い、価格変更の可能性あり

1. クランベリーとくるみが入った「クランベリーチーズ」1本740円(税込)、ハーフ380円(税込)
2. 前日から火を点け、火力のバランスを見極める店主の古橋秀夫さん

グルメスポット b

営業日が待ち遠しい

薪石窯パン工房 Chevre シェーブル

不定営業にもかかわらず、すぐに完売する人気の薪石窯パン。必ず手に入れたいなら、ブログで営業日を確認してから訪れて。食事パンを中心に食パン、焼き菓子など10種類がそろう。掛川市の柴田牧場から届いた「しばちゃんちのジャージーミルク」を100%使ったソフトクリームや、注文後に焼き上げる「石窯ピザ」は日曜限定で登場する。

グルメスポット c

食べる・買う・学ぶ

うなぎの天保 うなぎのてんぽう

昭和30年代から営む養鰻場が、おいしいウナギを食べてほしいと食事処と売店を30年前に開店。「茹で」と「焼き」を施す五右衛門焼きの製法で、身の柔らかなウナギ料理を提供する。食事の前後には予約制で「浜名湖うなぎ探検隊」への参加も可能。養鰻場が見学でき、生態や生育方法などが学べる。

1. 創業以来継ぎ足されたタレは果実酒が隠し味。ウズラの卵と山かけをかけて味わう「うな重(上)」3700円(税込) 2. 「浜名湖うなぎ探検隊」参加料は大人500円(税込)、中学生以下無料
※消費税増税に伴い、価格変更の可能性あり

a CoCoChi
☎053-489-3273 住浜松市西区大久保町1173 営ランチタイム11:00〜15:00、カフェタイム14:00〜17:00、ディナータイム17:00〜21:30 休なし ¥昼1600円〜、夜1800円〜 交東名浜松西ICから県道65号経由15分 P20台

b Chevre
☎053-485-7138(古橋新聞店) 住浜松市西区古人見町1475-1 営不定 休月〜木曜 交「CoCoChi」から車で7分 P8台

c うなぎの天保
☎053-487-1896 住浜松市西区白洲町3353-1 営食事処12:00〜13:30、17:00〜19:00夜は要予約 ※土曜、祝日12:00〜13:30、17:00〜19:00、日曜12:00〜19:00 白焼直売所9:00〜18:30 休水曜、第4土曜 ※養鰻場作業のため不定休あり 交「CoCoChi」から車で8分 P15台

浜名湖×遠州黒豚バーガー

DRINK&FOOD LEADER《リーダー》 弁天島店《べんてんじまてん》

浜松市西区

「遠州黒豚スペシャルバーガー」1400円はポテト付き

レイクフロントでアメリカン気分

弁天島海浜公園内にあるアメリカンフード店。店内2階から浜名湖の大パノラマと「弁天島シンボルタワー」が望め、リゾート気分を満喫できる。遠州黒豚に数種類のスパイスを加えたパテを挟んだハンバーガーが大好評。人気の「遠州黒豚スペシャルバーガー」は、チーズ、ベーコン、エッグ、アボカドをサンドした一品で、テリヤキ、ワインベース、バッファロー、サルサ、ケイジャンの5種類からソースが選べる。手羽元をオリジナルのピリ辛ソースで絡めた「バッファローチキン」は、手で豪快にパクリといきたい。ブルーチーズソースを合わせれば、まろやかな味に変化する。4人以上の予約で1日1組限定のBBQ（1人2980円）も楽しみたい。

辛さがやみつきの「バッファローチキン」950円

「ベーコンエッグシーザーサラダ」780円

浜名湖を一望できる店内には、おしゃれなアメリカン雑貨が飾られている

グルメスポット ⓑ

多彩な浜名湖料理に目移りしそう

浜菜坊 はまなぼう

ウナギ、生シラス、トラフグ、ハモ、アサリ、カキといった浜名湖名物を味わいたいならココ。目と鼻の先にある舞阪漁港から仕入れる魚介の質はどれも一級品で、夏の生シラスや冬の「牡蠣カバ丼」など旬の味も見逃せない。生シラスを存分に楽しみたいなら、丼、かき揚げ、おろしが付く「生しらす三昧定食」がおすすめ。

シラスの甘みを実感できる「生しらす三昧定食」1880円（税込）

鮮度抜群の刺盛「今切」2680円（税込）

ドウマンガニに出合えたら、ラッキー

姿の美しい魚は味も抜群！見極めはおまかせを

グルメスポット ⓒ

魚介もスタッフも粋がいい

丸小水産 まるこすいさん

舞阪漁港を直進すると、シラス店が軒を連ねる通称「しらす通り」がある。その一本南の通りに立つ、知る人ぞ知る鮮魚店。魚介の仲卸業を営みながら、店頭販売もしている。ずらり並ぶ浜名湖、遠州灘で水揚げされたばかりの鮮魚の中には、希少なドウマンガニがあることも。スタッフが話しかけてくれるので、とっておきの味わい方を教えてもらおう。

ⓐ LEADER 弁天島店

☎053-596-1873 住浜松市西区舞阪町弁天島3775-10 営11：30～15：00LO ※ディナーは15人以上のコース・貸し切り予約のみ 休水曜 ¥昼980円～ 交国道1号浜名バイパス馬郡ICから国道301号経由7分 P弁天島海浜公園内駐車場利用（有料、割引あり）

ⓑ 浜菜坊

☎053-592-1676 住浜松市西区舞阪町弁天島3101 営11：30～14：00、17：00～20：30LO 休火曜、第2水曜 ※臨時休業あり 交「LEADER 弁天島店」から車で4分 P22台

ⓒ 丸小水産

☎053-592-0342 住浜松市西区舞阪町舞阪2077-2 営9:00～日没 休火曜 ※GW、年末は営業 交「LEADER 弁天島店」から車で5分 P5台

おいしいSA《サービスエリア》・PA《パーキングエリア》

ご当地グルメに出合えるのもSA・PAの楽しみの一つ。食事におやつに、休憩も兼ねて寄り道。のんびり行こう！

上…上り線
下…下り線

NEOPASA浜松 SA / 遠州森町 PA / 掛川 PA

上「うなぎのぼりエクレア」330円(税込)

浜松名物のウナギをモチーフに縁起をかついだ限定スイーツ。目やヒレにもチョコを使ったエクレアだ。キュートな顔がたまらない／**サンエトワール**

上・下「もちふわ抹茶クリーム大福」250円(税込)

ほどよい甘みでリピーター続出の森町の新名物。地元産抹茶を練り込んだ餅の中には粒あんと、ふわふわの緑色クリームがたっぷり！／**上あおい屋　下森の楽市茶屋**

下「浜名湖 鰻と桜海老丼」2905円(税込)

タレが染み込んだご飯の上に蒲焼き、錦糸卵、きざみ海苔。中央には釜揚げサクラエビまでのった贅沢丼。静岡名物が一度に楽しめる／**うな濱**

上「男の定食」カレー食べ放題付き 980円(税込)

ラーメン、しょうが焼き、冷奴、納豆に、食べ放題のカレー&ご飯が付く食いしん坊ご用達メニュー。ドライバーたちの間で話題沸騰中／**フードコート**

浜名湖 SA / 三方原 PA / 遠州豊田 SA / 小笠 PA / 牧之原 SA / 日本坂 PA / 日本平 PA

上・下「アイスコルネット」450円(税込)

浜松発祥の名物B級スイーツ。熱々揚げたてのもちもちコルネパンと、冷たいアイスクリームの絶妙な組み合わせにハマる人続出／**中央スナックコーナー**

上・下「浜名湖あおさうどん・そば」500円(税込)

浜名湖名物の海草「あおさ」と天かすを麺の上にトッピング。つゆに加わった磯の香りとうま味でおいしさ倍増！ 価格の手頃さも魅力／**さざなみ**

下「わら焼鰹のたたき定食」980円(税込)

焼津産のカツオを藁焼きした風味豊かなたたきが大好評。しょうが醤油はもちろん、藻塩で食べるのもおすすめ。ご飯が進む／**いちまる**

「まかいの牧場」直送の生乳で作る濃厚ソフトを、迫力の10段盛り! 写真映え間違いなし。土・日曜、祝日限定販売で、7月下旬〜8月下旬は休み／**Milk Factory**

上 「富士山盛りソフト」800円(税込)

上 「マグロづくし丼」1300円(税込)

沼津港直送。鮮度抜群で大人気の海鮮丼。甘みのある南マグロやビンチョウマグロ、ネギトロが一度に楽しめる／**沼津港海鮮食堂サマサ水産**

新東名高速道路

藤枝 PA ／ NEOPASA 静岡 SA ／ NEOPASA 清水 PA ／ NEOPASA 駿河湾沼津 SA

下 「静岡ふじのくに豚丼」1200円(税込)

地元産「ふじのくにいきいきポーク」がたっぷりのったボリューム満点の丼。甘辛ダレとニンニクの香ばしい香りが、食欲をそそる／**めし処壱丁田**

上・下 「清水もつカレー」550円(税込)

熱々のカレーに、しっかり煮込んだ柔らかいモツがベストマッチ。パワーチャージしたい時にイチオシの、清水が誇るB級グルメ／**富士旬粋**

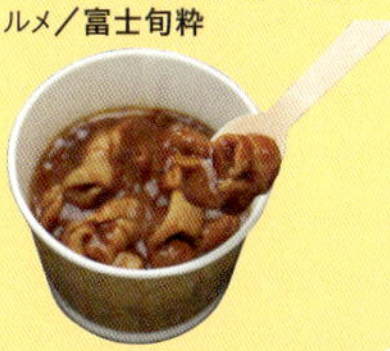

下 「日の出たまごのたまごたっぷりん」(6個入)1296円(税込)

地元・三島の「日の出たまご」をふんだんに使用したなめらかで濃厚な焼きプリン／**伊豆・村の駅**

上 「タピオカミルクティー」509円(税込)

香りが立つように濃い目に抽出した紅茶に、ミルクでコクをプラス。かわいいブラックタピオカのモチモチ感が魅力の大ヒットドリンク／**café de mori-kun**

上 「THE 黒はん丼」620円(税込)

静岡名物の黒はんぺんフライに甘めのタレをかけ、釜揚げシラスをトッピング。小鉢と味噌汁も付いたコスパ抜群の人気メニュー／**フードコート**

東名高速道路

由比 PA ／ 富士川 SA ／ 愛鷹 PA ／ 駒門 PA ／ EXPASA 足柄 SA

下 「紅富士サーモン丼」972円(税込)

富士山の湧水で育った富士宮ブランドの鱒「紅富士」の刺身がびっしり敷かれた贅沢丼。脂のりが良く、濃厚なうま味が堪能できる／**のっけ家**

下 「金太郎チーズドッグ」620円(税込)

金太郎の焼印が押されたホットドッグ。皮はパリッ、中はジューシーな「御殿場ハム」のフランフルト。とろ〜り濃厚チーズが美味／**シュガーマウンテン**

※価格はすべて税込、2019年7月現在の情報です。
浜名湖SAはリニューアル工事のため、メニュー名、価格等変更になる場合があります。

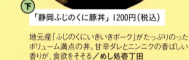

おいしい道の駅

休憩だけじゃもったいない！
道の駅にはここでしか食べられない
ご当地グルメがいっぱいだ。

※(P00)は紹介ページ

川根温泉

「幻の塩ラーメン」700円(税込)

約2万年前の海水が主成分の川根温泉を煮詰めて作った塩を使用。鶏・豚だしにユズ風味が効いたあっさりスープが魅力。太古のロマンを味わって。

くんま水車の里

「舞茸おろしそば」926円

店内で製麺する蕎麦に、地元で採れた香り高いマイタケの揚げたて天ぷらをのせ、甘めのつゆを注いだ看板メニュー。

いっぷく処横川

「しいたけソフトクリーム」324円

肉厚でうま味の濃い地元産原木シイタケのパウダーを混ぜ込んだご当地ソフト。コーンにメイプルシロップが練り込んであるミニサイズもお試しを。

奥大井音戯の郷

フォーレなかかわね茶茗舘(P37)

天竜相津花桃の里(P117)

玉露の里(P99)

潮見坂

「しらす丼」769円

熱々ご飯に浜名湖産きざみ海苔、遠州灘のシラス干し、ウズラの卵をのせた一品。しょうがポン酢で食べるのがご当地流。漁があった日には「生しらす丼」も登場！

掛川

「地場野菜」時価

近隣の農家300人が搬入する採れたての「畑直送野菜」が大人気。その種類も豊富で年間約200種にも及ぶ。季節限定野菜には行列も。

風のマルシェ御前崎

朝霧高原

「ハンバーグ定食」1300円(税込)

朝霧産のヨーグル豚と朝霧牛の粗挽き肉で作るゲンコツハンバーグを、自家製味噌デミグラスソースで提供。平日限定1日10食の幻メニューだ。

すばしり

「富士山ごうりきおむすび」(1個)148円

「ごてんばこしひかり」を握った富士山型おにぎり。具は地元の養鱒場で加工した金太郎鱒のフレーク、静岡の葉ワサビの佃煮、ウメの3種類。

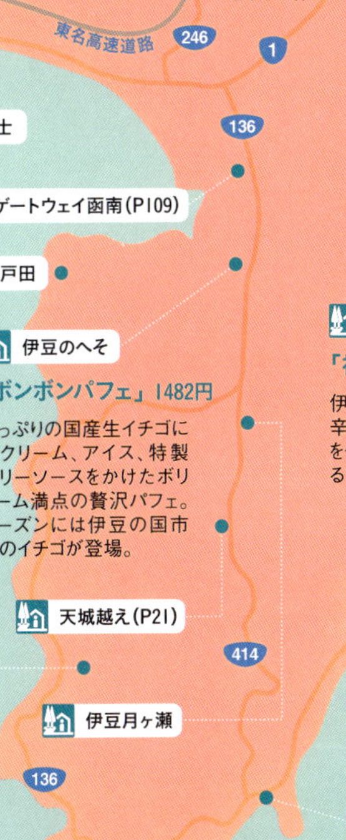

富士川楽座

「海鮮丼」1380円

天然マグロをはじめ、サーモンやイクラ、白身など10種類以上の海の幸がのった一番人気の丼。さらに豪華な「特上海鮮丼」も好評。

ふじおやま

「金太郎のパワー焼肉丼」833円

「ごてんばこしひかり」の上に、パンチの効いたニンニク入り特製ダレで味付けした豚肉がどっさり。とろろと卵をつけてパワーアップ!

宇津ノ谷峠下り

「とろろ定食」852円

丸子で栽培された自然薯を味噌仕立てで仕上げた、風味豊かなとろろが大人気。日替わりの手作り小鉢も付き、ご飯はおかわり自由!

伊東マリンタウン

「祇園のいなりずし」574円

伊東名物のミリオンセラー駅弁。甘辛く炊いたジューシー油揚げと、砂糖を使わずオリジナルブレンドの酢で作るすっきり味のシャリがベストマッチ。

伊豆のへそ

「ボンボンパフェ」1482円

たっぷりの国産生イチゴに生クリーム、アイス、特製ベリーソースをかけたボリューム満点の贅沢パフェ。シーズンには伊豆の国市産のイチゴが登場。

開国下田みなと

「下田バーガー」926円

日本一の水揚げ高を誇るキンメダイのフライに、チェダー&カマンベールのダブルチーズ、野菜も満載。特製甘辛ソースがくせになりそう。

下賀茂温泉湯の花

「メロンソフト」300円(税込)

温泉熱で栽培した地元産高級マスクメロン&北海道ソフトクリームの贅沢な味。土・日曜、祝日限定で「ジャンボ温泉メロンソフト」1500円(税込)も登場。

おいしい日帰りドライブ　INDEX

日帰りドライブスポット

立ち寄りスポット

企画・編集　静岡新聞社 出版部

スタッフ
海野しほこ　太田正江　小澤伊代　梶歩　熊谷雅代
権田記代子　瀧戸啓美　忠内理絵　永井麻矢
御宿千香子　水口彩子

カメラ
依田崇彦

フォーマットデザイン
komada design office
レイアウト
塚田雄太

地図制作
エスツーワークス

本書の取材・制作に当たりアンケートや画像提供にご協力いただいた市町観光協会および観光課、商工会、関連団体など関係各位に厚く御礼申し上げます。

ぐるぐる文庫Special
静岡発 おいしい日帰りドライブ
2019年9月20日　初版発行

著　者　静岡新聞社
発行者　大石　剛
発行所　静岡新聞社
〒422-8033　静岡市駿河区登呂3-1-1
TEL 054-284-1666

印刷・製本　大日本印刷株式会社

ISBN978-4-7838-2614-9 C0036

＊定価は裏表紙に表示してあります。
＊本書の無断複写・転載を禁じます。
＊落丁・乱丁本はお取り替えいたします。